CB140159

Trabalho, educação, cidadania

Reflexões a partir de práticas

de educação entre trabalhadores

CAPINA

Trabalho, educação, cidadania

Reflexões a partir de práticas de educação entre trabalhadores

Xico Lara

MAUAD

CAPINA
Cooperação e Apoio a Projetos de Inspiração Alterativa
Av. Rio Branco, 277/grupo 510
Centro - cep 20040-009. Rio de Janeiro - RJ
Tel. 21 2220-4580. Fax: 21 2220-1616
www.capina.org.br
e-mail: capina@capina.org.br

Secretário Executivo
Ricardo Costa

Equipe Técnica
Beatriz Costa
Ciro Frosard
Francisco Lara
Gabriel Kraychete
Ricardo Costa

Projeto Gráfico
Cláudia Espindola
Revisão
Paulo Roberto Salles Garcia

Parceiro nesta edição
Centro de Estatística Religiosa e Investigações Sociais - CERIS

Conselho Editorial CERIS
Adriane Helena Rodrigues
Jether Pereira Ramalho (coordenação)
José Leal Galvão
Katia Maria Cabral Medeiros
Rogério Dardeau de Carvalho
Tania Jandira Rodrigues Ferreira

CERIS
Rua Dr. Júlio Ottoni, 571/3s
Santa Teresa – 20241-400
Rio de Janeiro, RJ- Brasil
Tel.: (21) 2558-2196
Fax: (21) 2285-7276
www.ceris.org.br
ceris@ceris.org.br

MAUAD Editora Ltda.
Av. Treze de Maio, 13, Grupo 507a 509
Centro – 20031-007
Rio de Janeiro, RJ- Brasil
Tel.: (21) 2533-7422
Fax: (21) 2200-4451
www.mauad.com.br

L318

Lara, Xico. Trabalho, educação, cidadania: reflexões a partir de educação entre trabalhadores/Francisco Lara - Rio de Janeiro: CAPINA/CERIS/MAUAD, 2003.

ISBN 85-7478-115-0

I. Título. II. Lara, Francisco.

CDD 370.1
CDU 371.965

ESTE LIVRO é dedicado a todos os mestres, instrutores e monitores das escolas vinculadas ao CET – Conselho de Escolas de Trabalhadores, que são os verdadeiros protagonistas do que aqui vem proposto e sem cuja ação, reflexão, entusiasmo e dedicação essas linhas jamais poderiam ter sido escritas.

Se não tem trabalho
nem educação,
a tal cidadania
é pura embromação.

SUMÁRIO

Apresentação

Aparentemente, trabalho não é mais um tema relevante. Causas não faltam: o recuo do setor industrial, que fornecia o padrão de trabalhador moderno; a crise dos sindicatos, que davam o padrão de movimento trabalhista; e a perda de prestígio das análises marxistas e, de forma geral, de todas as demais abordagens críticas, que ditavam o padrão de interpretação e de valorização social do trabalho.

Para quem quer estar na moda, convém muito mais falar de globalização, de sociedade do conhecimento ou de meio ambiente. Temas absolutamente indispensáveis — mas sob que ótica? Como falar destes três assuntos, sem discutir trabalho? Como discursar sobre reestruturação global e abertura econômica sem dizer que tudo isto resultou em menos empregos qualificados e em recordes de trabalho informal? Como não concordar com as palavras de Cláudio Salm, em recente entrevista a Elio Gaspari: "A idéia segundo a qual o operário industrial seria reciclado e aproveitaria novas oportunidades era tolice. Ele virou pipoqueiro."[1]?

---

1. O Globo, 24 de agosto de 2003.

Como tagarelar sobre o conhecimento como novo único fator de produção se ele não existe independente de pessoas que trabalham? Como se lamentar sobre a devastação ambiental sem nos lembrarmos de que ela foi causada por um modelo histórico de produção industrial — aquele que prevaleceu dentre os tantos que, potencialmente, os tempos modernos permitiriam — e sem nos darmos conta de que será preciso trabalho (outro tipo de trabalho, bem entendido) para que a remediemos?

Das representações rupestres que nossos ancestrais pré-históricos fizeram de suas caçadas até a exploração de outros planetas na ficção científica, o trabalho nunca deixa de ser questão para a reflexão dos homens. Pode ocorrer, isto sim, que tal reflexão não seja totalmente explicitada, não seja colocada no centro da roda - coisa que, aliás, nem sempre é necessária. Torna-se imprescindível, todavia, quando falamos da construção da cidade. Eludi-la, quando se discutem os destinos da *polis*, é crime de lesa-pátria, ou melhor, de lesa-cidadania. Reconheçamos o esgotamento dos padrões bisseculares de organização do trabalho, de compreensão de seu sentido, de mobilização de seus executores; mas não nos iludamos com a miragem ideológica de que o trabalho acabou.

Xico Lara não está preocupado com modas teóricas ou militantes. Preocupa-se, isto sim, em ir a fundo na reflexão. Por isso, certas passagens ou palavras de seu texto parecem-nos difíceis: são apenas novas. Não as encontramos nos livros que já lemos, não as reconhecemos em nosso próprio saber. Ótimo: são inovações intelectuais. Intelectuais, como diria João Batista Libânio, não porque revelam uma erudição de quem sabe repetir o já conhecido, mas porque propõem articulações inéditas entre os conceitos[2].

A mais fundamental dessas articulações liga o trabalho à educação e à cidadania. Sem ela, todos os discursos viram, como diz Xico, embromação. Mas há também uma segunda articulação, agora metodológica, entre esta primeira e fudamental (capítulo IV) e aquelas trazidas pela experiência (capítulo III), bem como entre estas e as do pensamento que se projeta para o futuro (capítulo V). Há, portanto, todo um sistema de idéias articuladas. Nossos tempos não pedem menos.

Diferentemente de tantos trabalhos intelectuais que falham no momento de passar à prática, o sistema teórico de Xico nos leva a ela, porque dela partiu (também). O capítulo VI nos oferece propostas não apenas concretas, mas detalhadas e à altura das possibilidades de iniciativa do poder público e dos atores locais.

Na conclusão, as reflexões de Xico abraçam várias dimensões da esfera pública. Como prevíamos, a transformação do trabalho abre novos horizontes para toda a *polis*. A educação e a política, revistas, assumem seu papel como trabalho coletivo, criativo e livre, de reconstrução da sociedade.

Que o livro de Xico possa nutrir a reflexão de muitos e render várias outras articulações, originais e frutíferas, de idéias e práticas alternativas.

27 de agosto de 2003.

Rogério Valle

---

2. LIBÂNIO, João Batista. *Introdução à vida intelectual*. São Paulo: Loyola, 2001.

I – Uma (como que) introdução

a) Cidadão Trabalhador

"Cidadão" e "trabalhador" são termos que dificilmente vemos empregados juntos. Mesmo se, conforme pensamos, sejam faces de uma mesma moeda.

Por que faces da mesma moeda?

Facilmente se pode perceber que, na origem de todas as culturas humanas, sempre iremos encontrar o trabalho, já que é por ele que os humanos se constroem como "humanos" e constroem o seu mundo como "lugar humano"[1].

Portanto, é o trabalho que viabiliza o exercício e o usufruto da cidadania.

Ao contrário, pois, do que pretende um certo senso comum, cidadão e trabalhador fazem parte de um único conceito; são dois termos que respondem por uma só realidade: aquela de sujeitos sociais que com sua ação e convivência recriam continuadamente a cidade humana.

Pois, sem dúvida, sem trabalho não há cultura, sem trabalho não há cidade, sem trabalho não há nenhum direito. Na verdade, sem trabalho não haveria sequer humanidade.

b) A base histórica da cidadania está na propriedade

Nem à toa, trabalho parece não rimar com cidadania. Ao pretender resolver o mito de que o mundo é resultado direto da vontade divina, a modernidade substituiu-o pelo mito da propriedade.

É sabido que o estado moderno foi pensado a partir dos modelos clássicos antigos (da democracia ateniense, do direito romano...) e que o conceito de cidadão se fundou naquele de propriedade. Ser cidadão, não apenas nessas sociedades antigas mas também na Europa moderna, mais que ter nascido em tal ou qual localidade, significava que aí se devia ter também a propriedade[2].

Por cidadão, no Estado moderno, se entendia tratar-se de pessoa com posses, cujo patrimônio garantisse a própria reprodução, com independência. (Patrimônio: o conjunto das propriedades do *pater familias*, aí incluído o seu matrimônio, isto é, a mulher com sua prole e demais propriedades.) Trabalhar para outrem significava depender desse outrem[3].

Assim, ser cidadão implicava em ser alguém do sexo masculino, branco e possuidor de bens suficientes para permitir que os impostos fossem pagos à *polis* ou à *urbs*, dispondo-se de todo o tempo para se dedicar à "política" – aquela referente aos interesses próprios, dos proprietários – sem que para isso fosse preciso trabalhar.

Para o pensamento moderno, portanto, liberdade é independência. E ser independente é se ver livre dos outros[4], livre de toda escravidão ou servidão, sem ter que depender de ninguém. Assim, você estaria livre até mesmo para assinar um contrato pelo qual se veria novamente tolhido em sua liberdade: especialmente se, sem dispor de outros meios com que sobreviver, tivesse que se obrigar a trabalhar para outro.

Então, conforme a utopia da modernidade, a liberdade verdadeira só seria atingida quando os homens se libertassem dessa obrigação natural de ter que trabalhar; mesmo porque, conforme ela, qualquer forma de "natureza" é para ser dominada.

c) O trabalho é tomado como coação

Portanto, para a modernidade, o conceito de trabalho encontra-se eivado por aquele de coação. Coação em ambos os sentidos:

– **coação social,** quando não se tem outra escolha senão trabalhar, por não se dispor de propriedades suficientes – exatamente o que distingue o tal do "cidadão";

– **coação natural,** quando se tem que se submeter à maldição do trabalho, "comendo o pão com o suor do próprio rosto"[5].

Mas – e este é o consolo – o trabalho "dignifica" o homem, desde que não se tenham alcançado ainda condições suficientes para não se precisar mais de trabalhar. Ou é sinal de predestinação, quando, mesmo em se dispondo de meios, se faça com que eles rendam operosamente, ampliando as riquezas da nação.

Deste modo, a tarefa histórica da modernidade seria a de libertar o homem dessas coações; tanto da coação social, tornando-o livre, igual e fraterno; como da coação natural, tornando-o senhor da natureza e do trabalho[6].

Assim, é essa a liberdade que é igual à cidadania, aquela na qual não se encontra mais nenhuma forma de imposição:

- não se tem que vender força de trabalho para se sustentar
- e nem há que se ver a si mesmo igualado aos outros animais, que estão obrigados a enfrentar a natureza com o próprio corpo.

d) Uma presumida potência racional civilizatória

Portanto, como podemos constatar, há uma hipótese subjacente à modernidade: aquela de que cabe à humanidade atingir o seu pleno desenvolvimento e de que esse pleno desenvolvimento passa pela negação e superação da "natureza". O desenvolvimento desse processo de negação e superação da natureza corresponde à sua transformação em um modo de potência produtiva que deve se encontrar em permanente estado de crescimento – de crescimento exponencial – e que responde pelo nome de capital.

Assim, para a modernidade, falar simplesmente de "cultura" é muito pouco. Para ela, as culturas seriam criações humanas espontâneas, ingênuas e diversas, nas quais não teria havido a intervenção da razão moderna, de cunho científico, prenunciando a nova humanidade (até se poderia dizer pós-cultural) unificada[7].

Desta forma, a ciência se impõe como o caminho único para aquele pleno desenvolvimento da humanidade, como o resultado maior da iluminação da razão que se expressa – realizando a leitura e a dominação da natureza – em linguagem matemática. E, nesse cenário, a única cultura humana possível seria, pois, aquela do capital, que aparenta ser o único capaz de tal linguagem.

Este é, portanto, o caminho da economia do capital: essa potência produtiva que, encampando a ciência e a técnica, se impôs como quem fosse capaz de a tudo transformar conforme os "melhores números" e com a "máxima eficiência" e aos "menores custos". Esse é o caminho feito na passagem das antigas culturas tradicionais para a modernidade, a quem caberia conduzir os homens até o fim da história, por meio da imposição do capital como uma potência racional civilizatória.

A complementação dessa obra de dominação da natureza transformada em capital vem se fazendo pela radicalização expansiva da lógica de mercadoria para todas as dimensões do mundo humano, o que chamaremos aqui de mercadorização. Tudo que se transforma em mercadoria se torna contabilizável, alvo portanto do controle da racionalidade econômica do capital. Tudo, pois, deve se converter numa mercadoria. Assim, o conceito do indivíduo consumidor se torna no único real significado para a cidadania, numa sociedade capitalista.

De fato, o capital só se completaria ao findar sua obra civilizatória – a rigor infinda – de dominação da natureza: a "humanização" da natureza mediante sua transformação em mercadoria. Transformação que, feita pelo trabalho, só iria se realizar plenamente ao eliminar o trabalho como coação. Então, caberia à própria natureza, finalmente domesticada pela tecnologia, assumir os encargos todos dos trabalhos, realizando a perfeita liberdade dos cidadãos[8].

É esta a utopia da modernidade.

e) A expansão da mercadoria

Após explorar ao máximo o trabalho, e depois de reduzi-lo à sua mínima expressão, automatizando-o e domesticando-o, o capital, desde as últimas décadas do século XX, passa a maximizar a exploração do consumidor que deve agora, por sua própria conta e risco, inventar alguma atividade que lhe remunere.

O capital realiza assim os seus desígnios por meio da imposição da forma social da mercadoria: seja intensivamente, abocanhando os meandros todos das relações sociais, seja extensivamente, ao se impor soberana em todos os cantos do planeta. Assim, tal processo de mercadorização mais se assemelha a um alastramento infeccioso, no qual a forma da mercadoria se põe como um vírus que contamina todas as outras formas sociais.

O campo da disseminação do consumo em curso atinge diretamente o próprio lar; este mesmo que, até tempos atrás, sequer fazia parte do trabalho. Mas que, simplesmente, era considerado o campo da reprodução biológica humana, ocupado apenas pelas mulheres, por muitas crianças e poucos velhos. (Hoje, esse sinal se inverte: as crianças são muito poucas, para os velhos que, relativamente, são muitos.)

Assim, podemos perceber como, rapidamente, as mulheres foram se tornando um campo privilegiado de disputa, não apenas como mão-de-obra mais barata, mas também como o campo biológico recém-mercadorizado e em expansão. Estamos pois, à beira de um novo processo civilizatório no qual o feminino passa a ser um campo privilegiado de investimento[9], não apenas como mediação para se atrair o masculino, mas como o próprio campo da demanda mercantil: a mercadoria matriz de uma cultura da mercadoria.

As lutas sociais das décadas passadas haviam conquistado direitos sociais que se constituíram como que num dique de antimercadoria que represava o capital e a disseminação de sua lógica[10]. Esse dique era representado por uma série de direitos: salários bioculturalmente compatíveis, descanso, saúde, educação, moradias salubres, com água potável, saneamento, luz elétrica, etc.

Pois, rapidamente, junto com o próprio direito ao trabalho e aos outros aos quais ele se estendeu, todos os campos vão cedendo e se deixando invadir pela mercadoria. Da saúde à educação, da aposentadoria à água na torneira, da luz elétrica à telefonia.

Ao mesmo tempo que as diferenças culturais vão se apagando e as mercadorias vão se tornando as mesmas, pelo mundo inteiro: do papel higiênico ao lenço de papel, da geladeira ao liqüidificador, das máquinas de lavar às fraldas descartáveis para bebês ou para idosos, das papinhas de neném aos aparelhos de tv e computadores...

O rompimento daqueles diques coincidem, assim, com o avanço da mercadorização: do ar, do lar e das consciências. Tudo se torna mercadoria e de modo imbecilmente uniforme no mundo todo.

De uma hora para outra, tudo está à venda. Assim, portanto, tudo deve vir à tona; o que antes se escondia, hoje tem que se mostrar pois tudo deve ser posto à venda.

E quanto a isso, nos encontramos já como que diante de um passo final, pois, além da água e do ar, o que hoje vem ao mercado é a genética, isto é, a própria vida.

f) Tendências, contradições e resistências

Portanto, este é o dilema atual: tudo hoje se encontra em mercado. Por isso, você só pode adquirir qualquer coisa se tiver dinheiro disponível. E se não for daqueles que têm parte com o capital (se não tem crédito), você não terá como participar.

Excluído o caso do roubo, você só vai arranjar algum dinheiro se trabalhar. Mas quem trabalha arruma muito pouco dinheiro.

A compra do trabalho humano, assalariado, vai diminuindo e, aos poucos, acabando. Trabalho é custo e dá muito trabalho, não dá dinheiro. Deste modo, ou você passa a ter parte com o capital ou vai sendo eliminado junto com o trabalho[11].

Assim, cada vez mais deve-se entender por cidadão aquele sujeito que tem parte com o capital. Se, como parece que querem, for esta a única alternativa, a via única, então o que falamos do cidadão trabalhador não terá sentido.

E menos sentido ainda fará o se falar de uma educação de cidadãos trabalhadores.

De fato, as formas sociais todas é que se vêem questionadas pelo avanço da mercadorização e pela diminuição da figura do trabalho, até mesmo a educação, que tinha naquela forma de "escola" a sua realização...

II – Uma breve descrição metodológica

a) Uma perspectiva crítica

De princípio, é importante indicar que caminho estamos querendo seguir a fim de que, desde já, possamos perceber a perspectiva da qual estamos falando.

Para uma leitura crítica das práticas de educação entre trabalhadores que há tempos vêm se dando em nossa sociedade, é preciso buscar meios que possam estar adequados a uma boa elucidação dos conteúdos, formas e sentidos que vêm sendo assumidos por tais práticas, em seu devir histórico, em sua representação social significativa e em sua abrangência conectiva.

Não se trata de buscar nenhum modo de "neutralidade" científica, como se fosse esse o único critério de confiabilidade das análises. Pelo contrário, trata-se de buscar ampliar o comprometimento, de modo que se chegue a alguma sabedoria pertinente no que diz respeito àquelas práticas.

Por outro lado, deve-se deixar claro que não compartilhamos de concepções que aceitam a vigência de quaisquer *formas sociais* prévias que, por antecipação, possam ser tomadas como adequadas à reposição da vida social – como se fizessem parte de alguma "natureza", nem primeira nem segunda... Seja, isso, no que diz respeito diretamente à reprodução do capital; seja, e mais ainda, no que diz respeito à reposição criativa da cidade, a despeito daquela reprodução do capital[12].

Por *formas sociais* queremos entender os nexos já postos entre os modos e as cargas de socialidade incorporadas já, historicamente, ao *antro cultural*[13] em curso e de onde as mesmas se vão reproduzindo e atualizando.

Em vez, pois, de uma natureza subjacente às formas sociais, lançamos mão do conceito de *inércia cultural* para significar a reprodução de uma certa lógica imperante na sociedade. Para isso, mais que disposições materiais, contribui o que acabamos de chamar de *antro cultural* – sobre o que, para falar o mínimo, é preciso dizer que se trata de um certo modo de senso comum que se reproduz "naturalmente", como numa lógica subjacente e tácita.

Não serão necessárias grandes palavras para se mostrar como esse senso comum é, a cada época e a seu modo, manipulado pelos poderosos (vontade divina, diferenças naturais...). Hoje, essa manipulação se dá especialmente por meio da informação que já vem aliada à intenção de um certo sentido geral de impotência das pessoas "comuns".

Assim, realidades sociais diferenciadas e dominações históricas naturalizadas conseguem perenizar-se – modificam-se no tempo para se conservarem sempre as mesmas – não apenas pelas ausências ou brancos do discurso[14] (daquilo que não se diz, ou que deixa de ser dito) mas dos nexos que vão se renovando a cada dia – mesmo que sequer cheguem às palavras. O seu caráter repositivo, e de presença real, é tão real que já não precisa nem ser dito. Este é o *antro cultural*: o antro comum de reposição dos superegos individuais.

Que um ex-operário ocupe a presidência de uma república como a do Brasil, ainda que isso possa significar algum princípio de mudança – ou de uma certa experiência –, por si só não quer dizer de solução alguma com referências às terríveis contradições herdadas da história desse país. Ainda mais que, de qualquer forma, temos de considerar que o estado que aí está é figura que responde à lógica da reprodução do capital e só enquanto funcional a essa finalidade é que podem ser consideradas as necessidades da população.

Da mesma forma, com respeito a determinadas propostas no campo da criação de alternativas econômicas, não podemos pensar que grupos de produtores de artigos marginais e de baixa tecnologia possam vir a significar algum modelo alternativo de economia. Claro que, para sobreviver, esses grupos só têm que seguir em frente com suas iniciativas. No entanto, para se falar de uma alternativa econômica se exigirá uma matriz de reposição que seja de fato capaz de garantir a sustentação da sociedade humana como um todo[15].

Este é, portanto, o grande dilema: continuar a reproduzir o capital como um patrimônio individual que faz derivar daí a reposição das condições gerais da vida humana sobre a Terra; ou tomar a reposição da cidade, vista como um acervo comum, e fazer deste acervo o ponto de partida para uma recriação continuada de nossas condições de vida e de modo, desta vez, inevitavelmente compartilhado[16]?

O método no qual nos vamos apoiar busca aliar ao exercício crítico orientado, seja em relação aos sentidos, como na ciência, seja em relação ao senso comum, como na filosofia, o exercício do comprometimento. Sem isso, não se pode perceber como as palavras, quando emprenhadas de realidade, fazem parte elas mesmas da própria intervenção tendo em vista o próprio curso da história.

b) Um bom caminho

Methós odós significa bom caminho.

Ora, o bom caminho é não só aquele que conduz a um bom termo como, ainda, que faz isso possibilitando boas condições à travessia. O que, afinal, é fácil, em se tratando de um caminho já feito e bem conhecido. Mas não é este o nosso caso.

Assim, para que possamos estabelecer um bom caminho temos que considerar:

- a adequação do itinerário ao terreno;
- as condições de locomoção; e
- o bom discernimento do destino.

Se o itinerário deve estar adequado ao terreno, devemos ter em conta de que terreno mesmo é que, neste caso, se trata. E de que terreno estamos falando quando nos referimos a de processos de educação entre trabalhadores?

Ora, o *terreno* de que estamos falando é aquele do âmbito cultural humano. Cada novo humano que nasce passa a se compor, praticamente, a partir da herança que recebe da sociedade na qual veio, conforme a formação social, cultural e histórica específica de seu grupamento humano.

Neste sentido, falar de adequação ao terreno significa levar em conta aquelas que estamos propondo como sendo as características fundamentais do processo humano:

– a **historicidade**, que significa um processo de formação continuado a partir de tudo o que se tem criado como fatos e feitos num universo que, para cada grupo humano e na inter-relação entre os diversos grupamentos, se repõe novamente a cada vez, como que num curso que não pode ser nem detido nem congelado, mas que vai sempre avante, em se repondo sempre como universo humano;

a **socialidade**, ou a recriação e reposição continuada dos conteúdos comuns da comunicação e do entendimento entre os diversos sujeitos de cada formação social e que poderíamos designar como o conjunto das significações sociais que se põem como os elementos ou conteúdos de cada universo social histórico;

a **completude expansiva**, ou as ligações entre os nexos e sentidos que, a cada universo cultural, estão sempre se repondo e em âmbitos cada vez mais amplos entre os diversos elementos e conceitos que estão em jogo a cada processo ou mundo social cultural histórico.

Como *condições de locomoção*, queremos nos referir a um processo de condução adequado às condições do terreno de modo que se possa viabilizar uma leitura confiável de nosso argumento, tendo em vista o que estamos querendo.

Ou seja, trata-se de uma condução que seja capaz:

– de nos levar até às fontes da experiência, recuperando os seus sentidos;

– de nos fazer passar pela análise crítica dos elementos que a conformam; e

– de estabelecer a ela um patamar mais amplo do qual melhor definir o que queremos ou a que destino rumar.

Finalmente, portanto, esta mesma última questão: o que é mesmo que podemos pretender? Ou, qual será o *bom discernimento de nosso destino*?

Pois, certamente, a finalidade de qualquer conhecimento não é o puro conhecimento, mas o nosso bem agir em conformidade. Sendo assim, o nosso destino, neste caso, não será outro que aquele de fortalecer o comprometimento dos sujeitos da ação tendo em vista as suas finalidades bem distinguidas.

Assim, a partir daqui podemos estabelecer quais serão os três passos que, de modo inter-entrelaçado, irão compor o nosso processo metodológico ou se constituirão no nosso "bom caminho":

– leitura dos sentidos a partir da a fonte da experiência, por meio de uma **indução histórica**;

– leitura e análise crítica dos elementos ou conteúdos básicos mobilizados, por meio de uma **redução crítica**; e

– leitura mais ampla e complexiva, capaz de estabelecer o patamar próprio aos horizontes de nossa ação, por meio de uma **dedução complexiva**[17].

c) A indução histórica

Historicidade é um substantivo que quer se referir à contemporaneidade que, obviamente, se encontra em permanente reposição.

As pessoas e os grupos buscam responder às suas necessidades/constrangimentos/determinações dentro e conforme condições históricas específicas. E só se estabelecem socialmente na medida em que se tornam capazes de manter a reposição renovada de seu sentido e em resposta às necessidades sociais das quais tiveram origem. (Certamente não podemos nos ater aqui apenas àquelas necessidade de caráter tipicamente "material".[18])

Realizar uma indução histórica significa estabelecer, enquanto uma leitura, o processo de gênese de uma proposta, de um movimento ou de iniciativas diversas. Buscar o que se procurava responder, a começar pelos autores e atores e por sua leitura do processo social. Quais desafios eram visados desde o início e durante todo o seu processo de reposição? Significa, portanto, buscar as respostas, tanto em relação ao que se foi transformando no percurso quanto à contemporaneidade das respostas até o presente[19].

Trata-se, pois, de se buscar um discernimento dos conteúdos, modos e sentidos de tal sorte que se possam explicitar os significados dessa prática social e a sua posição no processo.

Assim, a indução histórica significa uma delimitação dos contornos ou dos modos historicamente definidos – os limites –, não como constrangimentos mas, sim, como as definições ou determinações e respostas dos participantes e atores da iniciativa, a partir da sua história de origem.

d) A redução crítica

Socialidade se constitui das significações estabelecidas em comum e que são devidamente compartilhadas a cada momento generacional do processo social. Desse processo são inerentes as práticas criativamente repositivas, assim como os movimentos sociais que buscam dar visibilidade ou conotações a aspectos da realidade até então negligenciados ou simplesmente negados pela ordem social vigente.

Os conteúdos e as significações do que vai sendo trabalhado por essa reposição e por esses movimentos vão se modificando com as lutas e com o tempo. Importa, assim, discernir tais conteúdos e suas modificações para que se possa perceber o seu alcance, suas potencialidades, sua pertinência e as perspectivas de cada movimento.

A redução crítica se põe, portanto, como uma definição da configuração mínima das cargas estabelecidas no processo histórico de uma iniciativa e a análise das figuras conceituais básicas. O objetivo é se distinguir qual o patamar das condições ou a plataforma a partir da qual estabelecer um novo salto ou o simples prosseguimento[20].

e) A dedução complexiva

Completude expansiva se refere às relações e sentidos entre os fatos singulares e os dos diversos âmbitos e que estão sempre por se completar enquanto relações e enquanto sentidos. Estes estão sempre desafiados pela realidade que se repõe a cada vez, conforme as práticas e movimentos, e diante do dinamismo da sociedade e desses próprios movimentos.

Significa dizer que é parte constitutiva do modo cultural humano a busca da completude situada num universo social e histórico determinado e de que se efetivem respostas às necessidades vitais e de reposição pessoal e social. Diante disso, se faz importante decifrar os nexos que vão se dando no curso do processo da vida social.

A dedução complexiva, ou das conexões e relações num dado processo social, visa buscar, seja enquanto distanciamento ou recusa, seja enquanto aproximação e busca, a que é que já se chegou, aonde se quer chegar, ou o que se quer e o que já não se quer mais, mas do que ainda, muitas vezes, se depende.

Isto é, a dedução complexiva é o exercício do discernimento dos nexos presentes no transcurso e dos novos que se põem como possibilidades ou novas condições de viabilidade a serem escolhidas e buscadas[21].

f) Em resumo

O que devemos considerar quanto

– aos **modos** – de criação e reposição de sentido –

que nos encaminham para um procedimento de

– **indução histórica**;

o que devemos considerar quanto

– às **cargas** – de figuração veiculadas nas práticas sociais –

que nos encaminham para um procedimento de

– **redução crítica**;

o que devemos considerar quanto

– aos **nexos** – de ligação e posição relacional

entre instâncias diversas –

que nos encaminham para um procedimento de

– **dedução complexiva**;

Em nenhum desses procedimentos podemos separar qualquer uma dessas instâncias, de modos, cargas ou nexos, sem que as outras duas se façam presentes.

Assim:

Indução histórica se refere à gênese e ao desenvolvimento histórico de um movimento, iniciativa ou prática social: como foi gerada, em resposta a que problema ou situação, em que contexto?

– Realização/reposição ao longo do tempo: práticas, inovações, ciclos.

Redução crítica se refere à descrição das figuras concretas e conceitos práticos – operativos e de fundo – e de sua adequação e pertinência ao (e durante o) processo: em que essas figuras ou conceitos respondem ou são suficientes às questões e demandas postas?

– Atualização/reposição ao longo do processo: pertinências, inovações e abrangências

Dedução complexiva se refere à chave de leitura/decifração das teias de relações e nexos entre os diversos modos de entrelaçamento: com vistas a que nos pusemos em marcha? Estamos satisfeitos com a direção tomada? Em sentido a que nos dirigimos?

– Atualização/reposição/ampliação: novas condições, possibilidades e limites.

III – A indução histórica

a) Uma breve introdução

Não é possível analisar nenhum fato em seu desdobramento ou em seu acontecer histórico sem que o situemos não apenas no quadro histórico do momento de sua origem processual, a fim de que se possa entender os desafios a que se propõe responder, como também de que caudal brotam tais desafios, inércias e forças, bem como para que novos sentidos essa novidade está querendo apontar.

Assim é que, inicialmente, vamos fazer um rápido balanço sobre a formação social brasileira[22], buscando situar os principais desafios, os campos de inércia e as linhas de força.

Na seqüência, moldaremos resumidamente o quadro histórico que serviu de cenário e contraponto às iniciativas de educação entre trabalhadores.

Em seguida, vamos abordar diretamente a história desse grande mutirão de educação entre trabalhadores, a fim de situá-lo no tempo e em cada um de seus ciclos, e descobrir também nessa história aqueles novos sentidos que então se buscavam.

b) A formação social brasileira em muito breves traços

As diversas cidades brasileiras tiveram sua origem a partir da implantação das grandes fazendas e entrepostos comerciais, no período colonial, e se fizeram acompanhar (ou não) de guarnições militares, de comunidades clericais, da burocracia governamental e da agiotagem bancária.

Aqui, nesta formação social, os indígenas eram rechaçados ou aliciados; os negros, submetidos a ferros; os mestiços, subordinados, e os brancos sem posses reduzidos à vassalagem. Este foi o Pacto Colonial que só hoje, talvez, ameace se romper.

Deste modo, nossas cidades já nasceram com donos, com os senhores de suas significações sociais: aqueles que ditam o que pode ou não pode, quem é que pode e quem não pode, o que está certo ou errado e quem é que está certo ou errado – não só no que diz respeito ao se comportar como ao aonde ir e, até mesmo, ao modo de falar.

A exceção que se deve fazer a essa matriz colonial são os núcleos de imigração européia não portuguesa (a partir do século XIX) que vieram refazer aqui suas cidades de lá. Mas também estas acabaram por assimilar diversos tons daquela mescla, seja de um ou de outro lado.

Em tal sociedade, de raiz escravocrata, o trabalho era, pois, tomado como uma atividade vil, animal, sem inteligência. Tratava-se de uma terra na qual, como colônia, até mesmo as manufaturas eram proibidas. Tudo tinha que vir de Portugal, ainda que alguma coisa sempre fosse feita por aqui mesmo, às escondidas.

Assim, mesmo que com mais ênfase que em outras sociedades, por aqui o trabalho sempre foi, em tudo e por tudo, um conceito muito oposto àquele de cidadania.

Quanto ao conhecimento: ao vulgo, quando muito, cabia que se ensinasse o catecismo. Já aos filhos de "família", desde que não fossem os primogênitos, os herdeiros e nem os clérigos, o bacharelato, que era para exercerem a defesa do patrimônio familiar.

Outros conhecimentos e artes, ritos e tudo o mais que o povo sempre ia inventando e realizando eram sempre considerados inferiores, frutos da ignorância, quando não tidos e condenados como diabólicos.

Assim, se trata de uma sociedade construída, bem se pode dizer, com muita arte e requinte com vistas a que cada um ocupasse o seu lugar e falasse a sua língua, fingindo tratar-se de uma só e mesma língua, de um só e mesmo lugar.

c) Um bloqueio à maré libertária

No Brasil, as oligarquias sempre souberam preservar seus privilégios: afogando revoltas, apagando memórias e desafiando as mudanças todas havidas no mundo, desde o século XVI. Desde então, elas vêm se acomodando ao cenário internacional, passando por diversos ciclos econômicos: do pau-brasil ao escravagismo – primeiro dos índios e depois dos negros – da cana-de-açúcar ao ouro, do couro ao café, com leite; e, finalmente, a indústria (que também esconde a continuação das exportações dos diversos produtos primários, agora acrescidos do ferro).

As classes trabalhadoras, a esmagadora maioria do povo, no Brasil, têm três origens:

– os antigos habitantes, chamados índios – mesmo que não se reconheçam como tais, pois, para serem batizados e assim ingressarem na sociedade dos brancos, tiveram de esquecer que algum dia foram índios;

– os africanos, trazidos como escravos pelos navios negreiros e que, "libertados", foram jogados sem eira nem beira na rua da amargura (seus filhos e avós já haviam sido descartados antes, como forma de não pesarem nos bolsos de seus senhores);

– e os imigrantes, principalmente europeus, mas também os asiáticos, do médio e do extremo Oriente, todos trabalhadores que fugiram das crises e da fome nos países de origem.

Por mais que se queira esconder, todos sabemos muito bem que a história de nosso povo é cheia de lutas e de resistências: desde as revoltas indígenas aos quilombos, das lutas pela libertação colonial às revoltas contra a escravidão e a tirania, até às greves dos trabalhadores no início e por todo o século XX.

Durante o século XX, foram vários os ciclos de "arrebanhamento" de trabalhadores, seguidos de períodos de crescimento de suas lutas e encerrados pelos cortes abruptos das regras do jogo. Perseguidos os imigrantes europeus, em grande parte anarquistas, foram substituídos, na década de 40, por novas levas de trabalhadores vindos diretamente da roça, sob a proteção da nova legislação do trabalho, do salário mínimo e da estabilidade no emprego.

Se, durante a Segunda Guerra, o Brasil fez avançar a instalação de sua indústria de base, na década de 50 completou essa trajetória com a criação da Petrobrás e com o monopólio do petróleo. Isso foi o que possibilitou o desenvolvimentismo da Era JK, que se caracterizou pela construção de Brasília e pela acolhida calorosa às montadoras multinacionais.

Em princípios dos anos 60, de novo o crescimento da maré libertária se faz sentir: ligas camponesas, lutas operárias, campanhas de alfabetização e de valorização da cultura popular, lutas pelas reformas de base e crescimento do movimento estudantil – na esteira das vitoriosas revoluções chinesa e cubana.

Mas a ditadura militar traria um basta a esta escalada e esse ciclo da luta dos trabalhadores teria seu fim com a intervenção nos sindicatos e com a implantação do FGTS que, novamente, vai significar um corte e um novo "arrebanhamento", dando início a uma nova estratégia de controle dos trabalhadores: a flexibilização do trabalho, descoberta muito tempo antes que isso viesse a ser a moda mundo afora.

Mas a resistência e a luta seguem seu rumo. E é nesse rumo que nos cumpre situar as iniciativas de educação entre trabalhadores.

d) Uma experiência de educação entre trabalhadores

A educação entre trabalhadores resulta de diversas iniciativas de operários no final dos anos 60 e meados dos 70. Elas significavam uma forma de luta e resistência à ditadura militar e uma recusa em aceitar a ditadura do capital e a educação que por eles era oferecida aos trabalhadores e a seus filhos.

De fato, por um lado, a reforma do sistema educacional da ditadura militar trouxera o empobrecimento curricular e a ideologização dos conteúdos de ensino, além de uma pedagogia de "facilitações" quanto aos conteúdos, avaliações e aprovações e o sucateamento da rede oficial da educação pública.

Por outro lado, pelo menos esses trabalhadores não concordavam que a educação profissional fosse monopólio do empresariado – os aliados e beneficiários diretos da ditadura militar e executores da repressão dentro das fábricas. Sua crítica visava também diretamente o Senai, órgão privado dos empresários, mas sustentado com recursos públicos. Em especial, porque mantinha uma pedagogia reconhecidamente individualista, de adestramento taylorista, com disciplina militar e autoritária, o que se fazia por intermédio de um sistema de ensino programado de tipo mecânico e tecnicista que era aplicado por meio de séries metódicas repletas de fórmulas prontas, por instrutores e professores capazes de, ao mesmo tempo, manter posição imperial e indiferente para com os "de baixo" e subalterna e subserviente com os "de cima".

Assim, as iniciativas pelas quais os operários mesmos assumiram a educação entre companheiros de trabalho surgiram como uma forma ou um exercício político de ação direta de educação num contexto de ditadura explícita do capital e de repressão aos movimentos sociais. Mesmo que por vezes houvesse também motivações de uso desses processos de educação como trampolim para filiação dos trabalhadores aos diversos grupos políticos, a dimensão política do ato educativo por si mesmo – e, ainda mais, por se tratar de uma educação voltada diretamente ao ato do trabalho vendido na fábrica – esteve sempre presente nessas iniciativas.

O que é que se visava? Oferecer uma resposta aos interesses e necessidades de trabalhadores de modo que esses se tornassem capazes de se assumir como sujeitos cidadãos. Não, evidentemente, para que se afastassem de sua condição de trabalhadores, mas para que melhor se aprofundassem nela. Ora, isso exigia que se vinculasse uma sólida formação e educação geral a uma formação técnica e profissional que fosse ao mesmo tempo crítica, criativa e socialmente responsável.

Assim, a educação dos trabalhadores era tomada como iniciativa e obra dos próprios trabalhadores que promoviam a sua valorização como cidadãos mediante formação condizente com seu papel social, garantindo solidez a seus engajamentos. Não, como o que queriam fazer deles àquela época, em geral, os militares, os empresários e a sua política: buchas de canhão, paus mandados, um rebotalho.

Façamos, portanto, um breve retrospecto desses fatos[23].

Os anos 60

O contexto era aquele da ditadura militar, estabelecida com o apoio americano em 1964 e aprofundada com o AI-5 em 1968: perseguições, arrocho salarial, repressão policial, peleguismo sindical.

Como uma resistência contra a educação dos trabalhadores e de seus filhos, realizada de modo reducionista e autoritário, surgiram as iniciativas de educação entre trabalhadores.

A primeira delas ocorreu em Recife. "A perseguição política havia desmantelado um crescente processo de educação popular estabelecido desde os princípios dos anos 60 por meio de iniciativas de alfabetização de adultos, centros de cultura, organização de ligas, associações e sindicatos, etc. A iniciativa que deu seguimento a essas atividades junto aos operários, apesar da repressão, foi o CTC – Centro de Trabalho e Cultura, fundado em 1966, que foi se moldando como uma escola operária, dedicada à educação e formação profissional dos trabalhadores e de iniciativas dos próprios trabalhadores"[24].

Os anos 70

Coincidentes com o que a história econômica oficial batizou de "milagre econômico brasileiro", este período ficou mais conhecido como os anos de chumbo. Parte da esquerda havia resolvido pegar em armas e acabou massacrada pelo regime.

– Em Belo Horizonte, a repressão contra as atividades sindicais desde a greve da Belgo Mineira, em 1968, e a derrota dos grupos armados, no início dos anos 70, ensejaram iniciativas diversas de educação entre trabalhadores, focalizando os conteúdos dos trabalhos nas fábricas conjugados à análise das condições de vida, trabalho e luta dos operários e de suas famílias.

– Uma dessas iniciativas e que está atuante até hoje é a AST – Ação Técnica Social, do bairro do Lindéia, que surgiu do movimento do bairro, da periferia de BH, naquela época um bairro típico de trabalhadores que, em sua maioria, trabalhavam nas fábricas da Cidade Industrial.

– No Rio de Janeiro, nos anos de 73-74 operários do turno noturno de uma fábrica jantavam rápido e, na sobra de tempo, estudavam juntos no refeitório. Até que a direção proibiu: "Quem quiser estudar que se inscreva nos cursos do Senai realizados na fábrica". Mas os trabalhadores preferiram manter o estudo que faziam entre si e se encontravam todos os sábados no porão de uma igreja em Agostinho do Porto, São João de Meriti. Esse foi o começo para vários iniciativas de educação entre trabalhadores em vários locais do Rio de Janeiro.

– Mais tarde, em 84/85, alguns grupos que mantinham essa iniciativa em diversos pontos da cidade e da Baixada Fluminense se juntaram para fundar o CADTS – Centro de Desenvolvimento Técnico Social, que funciona até hoje em São Mateus, em São João de Meriti.

– Em São Paulo, diversas associações de trabalhadores e grupos ligados ao Movimento de Oposição Sindical

Metalúrgica, que mantinham vários grupos de estudo, profissionalização e de formação política se uniram para formar uma escola que funcionou muito tempo na Praça da Sé. Hoje, o acervo político desse trabalho é representado pelo CEEP – Centro de Educação, Estudos e Pesquisas.

– Esses e vários outros grupos – do Rio, São Paulo, Belo Horizonte, Salvador e Recife – passaram a se encontrar anualmente, a partir de 1979, em seminários de trocas de experiências, conhecimentos e práticas e para aprofundar as questões relativas à educação entre trabalhadores[25].

A educação entre trabalhadores se apresentava, assim, como resposta que eles mesmos davam àquela "educação" que lhes era então oferecida pelas classes dominantes: reduzida, individualista, autoritária, bancária e hierarquizante. Portanto, em contraponto, os trabalhadores estabeleceram um processo de educação construída entre companheiros, de modo horizontal, participativo, buscando valorizar cada pessoa e a experiência de vida e a contribuição de cada um.

São destaques da primeira fase dessas iniciativas:

– A valorização da experiência de vida, de trabalho e dos conhecimentos trazidos por cada um dos participantes. Se isso hoje é muito fácil e bonito de se dizer, naquela época não era assim: entre qualquer operário e coisa nenhuma não havia diferença alguma – operário era como soldado raso numa guerra.

– O estudo participado e em conjunto, em que cada um expunha os seus pontos de vista até se chegar a uma formulação comum, entendida e aceita por todos.

– O combate sem trégua ao caráter autoritário do conhecimento e à carga de autoridade que o conhecimento costuma carregar junto com ele.

– O desenvolvimento, por parte de cada um, de seu próprio pensamento, recusando-se a simples memorização dos recursos muito usados pelas fábricas, de fórmulas mágicas e de tabelas de facilitação ou de constantes numéricas milagrosas.

– A descoberta gradual da não-neutralidade da técnica.

Isso tudo foi se dando de dentro e em conformidade ao que era o pensamento corrente entre operários na época:

– a indústria era tida como passo importante no processo do progresso social;

– o operariado industrial era considerado o sujeito histórico das transformações sociais;

– a indústria abrigaria em si mesma todos os conhecimentos básicos e necessários à sustentação da sociedade; e

– como esses conhecimentos estavam localizados na indústria, eles se encontravam, portanto, ao alcance dos trabalhadores; bastava para isso que se aliasse a teoria à prática – seja no campo técnico, seja naqueles político e econômico[26].

Os anos 80

Passado o "milagre econômico", o período foi de crise. Esta década ficou conhecida como a década perdida, quando o Produto Interno Bruto desabou. Com a crise, cresceu o desemprego e a inflação. Desde 78, o movimento operário havia reiniciado suas manifestações, reivindicações e greves. As oposições sindicais ganharam força e o sindicalismo autêntico se impôs. Os movimentos sociais contra a carestia se misturaram com os movimentos grevistas e com aqueles pela anistia dos presos e perseguidos políticos e pelas diretas-já. No campo, se iniciaram as ocupações de terra.

Os militares não concederam as eleições diretas e o primeiro presidente civil, eleito indiretamente, sequer chegou a assumir. Mas com a Assembléia Nacional Constituinte cresceram os movimentos pelos direitos humanos, pela reforma agrária, das mulheres, dos negros, dos índios, dos homossexuais, das prostitutas, dos portadores de HIV, dos ambientalistas, e muitos outros que ficariam caracterizados depois como os novos movimentos sociais.

Ao mesmo tempo, políticas assistencialistas – como a dos tíquetes do leite – arrasaram com os movimentos populares, especialmente nos bairros e favelas, instrumentalizados por políticos de baixo calão.

As iniciativas de educação entre trabalhadores seguiram seu curso, buscando sistematizar suas práticas e aprimorar as suas descobertas, aquisições e propostas e inaugurando um processo que se manterá vivo até o presente:

- Discute-se muito a dimensão política da formação profissional[27].
- Aprofunda-se o debate sobre a não-neutralidade da técnica, do ponto de vista da exploração do trabalhador, da negação do conhecimento, do esgotamento do planeta, etc.
- Propõe-se a construção conjunta de um processo pedagógico de educação entre trabalhadores caracterizado pela
  - criação conjunta do saber
  - a partir da experiência de cada um
  - por meio de um método de perguntação/formulação do pensamento e decifração em comum
  - com participação pessoal e direta de todos.

– Experimentam-se programas de solidariedade concreta, reunindo trabalhadores urbanos e rurais, por intermédio de seus próprios trabalhos.

– E se busca o resgate da história, do trabalho e das técnicas, e das lutas dos trabalhadores e das sociedades.

Em 1989, um seminário que reuniu as quatro experiências aqui apontadas e que haviam conseguido se consolidar nesses tempos difíceis constituiu o que foi chamado de Conselho de Escolas Operárias. Mais adiante, com a inserção de diversas outras iniciativas, entre as quais algumas escolas técnicas vinculadas a sindicatos de trabalhadores, esta rede se ampliou, e passou a se chamar Conselho de Escolas Trabalhadores[28].

Os anos 90

O contexto desta década foi de implantação das políticas neoliberais. De início, Collor de Mello encampou o cenário e até o seu impedimento distribuiu a miséria, concentrou a riqueza, disseminou o tráfico de drogas e liberou a corrupção.

Após a derrota de Lula, em 89, a retomada dos movimentos só se daria com a luta pelo impedimento do presidente. O estrago foi de tal monta que a grande investida voltou-se simplesmente para correr atrás do prejuízo; isto é, não houve como não se lançar mão de uma campanha contra a miséria e a fome, em continuação àquela em favor da cidadania. Não houve como deixar de recorrer ao assistencialismo que até então sempre fora recusado por qualquer política de esquerda.

Em 94, com a nova derrota de Lula, FHC seguiu o caminho de Collor, privatizando, desregulamentando, flexibilizando e gerando cada vez mais desemprego e concentração de riqueza.

Nesse período, as escolas de trabalhadores amargaram um bom pedaço. Ao mesmo tempo que se abriram recursos internos para projetos de formação profissional – de modelos já pré-fabricados – fecharam-se os recursos externos com os quais várias escolas se sustentavam.

A redução dos postos de trabalho, decorrente das mudanças tecnológicas ou das novas modalidades de organização do trabalho, criou grande perplexidade entre os trabalhadores, acossados pelo desemprego ou pela ameaça de serem despedidos.

Nesse período, em meio à perplexidade de saber que tinha que mudar mas não se sabia bem para onde ir, iniciou-se uma discussão sobre geração de trabalho e renda, na esteira do surgimento de diversas iniciativas econômicas, tanto de cooperativas e grupos autogestionários como de ocupação da direção de fábricas falidas por parte dos próprios trabalhadores. Tudo isso acabou desembocando numa grande discussão em torno do conceito de uma economia solidária.

As escolas de trabalhadores acabaram também se inserindo nessa discussão e, desde então deram força a várias experiências de Centros Públicos de Formação Profissional e de Observatórios de Políticas Públicas de emprego e renda. Contudo, não há como deixar de se perceber que aquele caráter de assistencialismo acabou passando também para esse campo.

Em 1995, o Conselho definiu a sua Plataforma de Educação para Cidadãos Trabalhadores, que resumiu as suas principais posições assumidas até então, decorrentes de uma primeira reconceituação de trabalho e incluindo um proposta concreta de um Centro Público de Educação de Cidadãos Trabalhadores[29].

Mas o neo-liberalismo teve seu curso inabalado, a não ser por suas próprias derrotas logo no início do novo século.

Os primeiros anos do nosso século

Após a farra, a ressaca. O Consenso de Washington acabou mostrando seus resultados: crise, esgotamento das sociedades vítimas das imposições do "mercado", estagnação econômica e guerra.

Contra a marcha da globalização financeira levantou-se a internacionalização da solidariedade que resultou no Fórum Social de Porto Alegre.

O debate das escolas se extende para as políticas públicas e economia solidária[30] e segue seu curso enfrentando os desafios da educação de cidadãos trabalhadores numa sociedade em crise: crise de trabalho e, portanto, de educação e de cidadania.

IV – A redução crítica

a) Uma breve introdução

Inicialmente, devemos nos lembrar que, a cada formação cultural e a cada época, o mundo social impõe um certo universo conceitual no qual as pessoas se encontram de certa forma imersas ou até mesmo submersas. Além disso, precisamos considerar que tal universo as leva a pensar de uma forma que julgam ser sua – e que de fato é – mas que, de certo modo, corresponde ao tributo que cabe a cada um oferecer por sua historicidade[31].

Sendo assim, mais que tudo, muitas das idéias que as pessoas têm acabam por corresponder a lugares-comuns ou a um certo senso comum ao qual, com certa facilidade, se costuma chamar de ideologia. Talvez, quanto a isso possamos dizer, a nosso ver com mais propriedade, que é parte de nossa condição humano-cultural e que responde ao que aqui nós chamamos de *antro cultural*[32].

Exatamente por isso nos cumpre realizar o procedimento da redução crítica, ou seja, buscar definir a configuração mínima das cargas ou dos elementos estabelecidos como conceitos e que se encontram em exercício. Significa determinar as figuras conceituais básicas do processo, a fim de possibilitar a análise de suas vinculações ao que queremos, discernindo-as com relação aos modos de dominação em curso.

Este procedimento é fundamental tendo em vista a boa preparação do terreno que nos servirá como um novo patamar ou plataforma de onde dar um novo salto em seguimento ou realizar um novo soerguimento.

Do contrário, facilmente acabaremos presos a esse mesmo universo, sempre em processo, enredados por mistificações. Via de regra, elas são induzidas pelas classes dominantes – ou pelos que a defendem – e produzidas com o sentido de justificar, para si e para os outros, a posição dos dominantes e dos dominados, de seus privilégios e de suas misérias.

Para bem realizar esse processo, é importante que localizemos com precisão aquelas figuras básicas com as quais se trabalha ou em cujos estratos de sustentação de suas significações estamos nos movendo e realizando a sua reposição.

Obviamente, quanto mais a nossa atuação puder tocar naquelas figuras que são centrais e matriciais para a organização lógica do imaginário que alinhava hierarquias e valores do universo em curso, maior radicalidade ela pode ter, ainda que aparentemente isso faça crescer as dificuldades, as resistências e os ofuscamentos[33].

Com respeito à experiência que aqui analisamos, referente à educação entre trabalhadores, o universo dos conceitos que devemos aclarar não é pequeno, remetendo-nos a toda a lógica de construção da sociedade capitalista. Mas julgamos oportuno que nos concentremos nas três figuras conceituais que conformam um só núcleo no qual, como julgamos, se encontram as melhores condições de se trazer alguma luz para o caso de uma nova configuração social. São as figuras do trabalho, da educação e da cidadania.

O conceito básico sobre o qual a ação educativa entre operários se estruturava era, sem dúvida, aquele de trabalho – trabalhadores em educação para uma participação política ou cidadã. Mas, na época, compreendíamos trabalho – historicamente nem havia como ser diferente – apenas por oposição ao capital, como produção da mercadoria, deixando-se definir pelo capital. Isto é, tínhamos a visão comum dele apenas como o trabalho assalariado, aquele do qual resulta a valorização do capital.

A luta a ser travada era então contra os capitalistas, que se apropriam privadamente do capital, cuja destinação – era o que se pensava então, historicamente definida –, uma vez socializada, seria o bem comum.

Faltava analisar que o capital não carrega consigo, absolutamente, tal propensão. Pois ele se põe como a lógica encarnada de concentração individual da riqueza extraída do trabalho, riqueza que significa "natureza" dominada, jurídica e contabilmente apropriada, como máquina que produz em permanência exponencialmente sempre mais riqueza[34].

Segundo aquela lógica, os indivíduos "superiores", os mais aptos (conforme interpretação aligeirada da evolução das espécies), é que são os merecedores de toda a riqueza que possam concentrar em suas mãos. Pois, se chegaram a isso é porque são de fato os mais capazes de exercer o domínio racional dessa máquina "sociometabólica" do capital, tornando-se com isso os únicos em condições de garantir a sustentação da sociedade[35].

De tal modo que o seu patrimônio se torne simbólico suficiente para incorporar a máxima flexibilidade e conversibilidade, de modo a repor sempre esta mesma lógica, de proteção dos indivíduos bem dotados e cujo estado protetor mantenha sempre obediente – pela míngua, pela cooptação ou pela guerra – e a seu serviço a massa de trabalhadores/consumidores[36].

Portanto, é fácil ver como a figura do capital é dotada de poder de contaminação fatal tendo em vista aquelas de trabalho, educação e cidadania. Em relação a estas, já faz um bom tempo que a figura do capital cumpre à risca o que se propõe: se pôr como a cabeça de uma lógica que não tem descanso.

b) O conceito de trabalho

É importante perceber como as palavras ou os conceitos vão mudando de sentido conforme os diversos movimentos da história. Por mais que a palavra "trabalho" tenha sido incorporada à linguagem dos povos latinos, ali pelos séculos XI e XII[37], referindo-se ao esforço e à pena que essa atividade muitas vezes representa, a ação a que ela se refere é das mais antigas da humanidade. Ter que trabalhar para comer, para se vestir, para abrigar-se, etc. Tanto que a própria palavra cultura, característica fundamental da humanidade, tem origem exatamente da palavra que designa o trabalho da terra: *colo, cultus, culturus*[38].

Assim, podemos muito bem dizer que o trabalho é que cria a cultura e, portanto, que cria a humanidade – ou o modo humano de ser esse animal. E se por "cidade" entendemos esse ambiente humano cultivado, aculturado, como a matriz de reposição dessa cultura ou desse modo de bem viver, vamos entender também que o trabalho humano se refere às ações pelas quais se realiza a reposição criativa desse bem viver[39]. E que, assim sendo, o trabalho humano diz respeito a todas as ações que estão voltadas à reposição criativa da "cidade" humana em todas as suas dimensões.

O que aconteceu na História foi que o trabalho foi tomando feições próprias a cada formação social: escravagista, por exemplo, em grande parte das sociedades antigas, como também em nosso caso colonial; ou servil, no caso do feudalismo europeu.

Mas, logo em seguida, o capital capturou para si a significação de tudo o que ele chamou de trabalho, colocando-o a seu serviço. Assim, ele transformou a significação de trabalho em trabalho assalariado, reduzindo-o àquele voltado à reprodução e valorização do capital e à realização dos lucros.

Portanto, por detrás disso já fica dito é que, daqui por diante, o capital passa a ser o único modo de sustentação possível da humanidade.

É importante notar a contribuição fundamental do movimento feminista que, ao questionar a divisão entre as esferas da produção e da reprodução – tida a primeira como social e a segunda como biológica –, teve o mérito de quebrar com essa visão reducionista do trabalho. De fato, até mesmo do ponto de vista que se queria revolucionário, o que se valorizava era apenas o trabalho industrial, de transformação dos objetos ou ações em mercadoria. Somente o trabalho para o capital era considerado valor social, uma vez que o capital passou a ser visto – ao modo dialético – como um avanço da racionalidade e um estágio superior do progresso da humanidade, tendo assim capturado, além do sentido do trabalho, o significado do próprio bem viver humano.

Assim, nada que fosse considerado ainda preso ao reino natural, biológico, no qual o capital não houvesse posto as mãos – que é onde haviam sido colocadas as mulheres, em suas atividades domésticas, de cuidado dos filhos, dos idosos, etc. –, não chegava propriamente a ter valor. Desse modo, o questionamento levantado pelo movimento feminista com respeito ao valor de seu trabalho permitiu uma verdadeira revolução dentro dos pensamentos que se queriam revolucionários[40].

Para encurtar, podemos entender o trabalho como todas aquelas atividades que realizam – não a valorização do capital mas a reposição criativa das condições do bem viver ou desse nosso modo cultural de viver próprio dos grupamentos humanos, isto é, a reposição criativa da(s) cidade(s) humana(s)[41].

Assim, o trabalho humano é não só criador das culturas mas, em ação continuada de geração em geração, o repositor criativo dessa própria criação. Tanto que, a rigor, até o próprio parto já leva esse nome de trabalho. Certamente, esse é um nome que caberia com igual precisão até mesmo ao ato da cópula que dá origem a toda gestação, por mais gozo ele possa trazer.

Mas sem dúvida, e por conseqüência, o trabalho de maior responsabilidade da humanidade sempre foi e permanece sendo aquele de cuidar e alimentar os filhotes, defendendo-os e abrigando-os, cuidando de sua saúde e de sua socialização como filhotes humanos. Não é à toa que o trabalho é também um princípio educativo fundamental aos sujeitos humanos.

No entanto, a sociedade atual não só reduz o trabalho àquele assalariado, vendido ao capital, como também diminui cada vez mais os postos de trabalho já que a tecnologia hoje, para um volume de produção cada vez maior, exige cada vez menos trabalho vivo.

Assim, nos aproximamos de um dilema crucial: para quem não tem parte com o capital, a única forma de ganhar a vida é vender o próprio trabalho. Só que, cada vez mais, diminuem-se as oportunidades de venda desse trabalho[42].

Desse modo, podemos dizer que o trabalho cumpre uma função tríplice:

- reposição criativa da cidade humana, decorrendo daí, como contrapartida, aquela
- garantia à própria sustentação, pessoal e social, e, portanto, aquela também
- princípio de educação e de realização pessoal/social.

c) O conceito de educação

De nosso próprio conceito de trabalho, portanto, já se faz derivar o da educação, figurando entre aqueles de maior responsabilidade que temos a enfrentar junto a cada filhote. Em geral, se entende a educação como um trabalho conduzido de fora – *ex ducere* (senão apenas de dentro – para esses que defendem um individualismo fechado, genético, cada vez mais em moda). Mas nós propomos que este seja um trabalho de mão dupla, que exige de cada um que se aplique e que se desenvolva a partir de dentro mas que supõe e exige o que está fora, posto que é um trabalho histórico, social e pessoal, cultural.

De tal forma que, desde o início, se concebe cada um como sendo um ser social e não simplesmente como um indivíduo[43]. As significações sociais das quais nos apoderamos pertencem a todos, são o nosso chão comum. De tal modo que tudo do que podemos dispor adveio em sua maior parte do que temos recebido do trabalho de todos e por isso, quem sabe, pudéssemos contribuir sempre com mais um pouco. Nossos méritos são provenientes em sua imensa maior parte do trabalho de todos e em escala quase nula de nosso próprio trabalho e mérito – mas este está aí.

Essa figura do indivíduo, na verdade, serve muito bem a qualquer espécie entre os outros animais: as espécies se compõem de indivíduos, à diferença dos humanos. Os diversos indivíduos animais não dependem, como os humanos, da educação, para seu desempenho específico, mesmo que vá ficando cada vez mais claro que, até entre as outras espécies, deva sempre haver alguma aprendizagem. Mas, de qualquer forma, um cachorro se porta como cachorro mesmo que tenha sido criado entre os humanos, sem que tivesse conhecido qualquer outro cachorro. Já, se criado entre lobos, um homem vai aprender a se portar como um lobo.

O que estamos querendo dizer é que a educação é aquele processo dialógico pelo qual o sujeito humano se socializa, entra na cultura de seu grupamento humano, de seu povo, contribuindo e dialogando com ela e repondo-a criativamente – por todo o decorrer de sua vida.

De fato, o sujeito humano deve receber da sociedade as significações sociais para que, por meio delas, possa passar a se expressar de modo a ser compreendido pelos seus semelhantes. Inicia-se assim o seu processo dialógico da educação, que deve permanecer por toda a vida[44].

De tal maneira que, até podemos dizer, a educação é o lado subjetivo do trabalho:

> – pelo trabalho, o sujeito humano participa do processo de reposição criativa da 'cidade' – das condições culturais do bem viver; e

- pela educação, o sujeito humano apreende e aprimora em si próprio as suas condições de diálogo e de participação nesse trabalho que é toda a sociedade que realiza, desenvolvendo assim os seus atributos pessoais.

Portanto, esse é um processo que se dá de forma indiretamente proporcional: de início, é muito o que se recebe e pouco o que se pode oferecer, até que, com o tempo, a relação se inverte, passando a ser bem mais o que se pode oferecer contra o que se tem a receber. Mas, de qualquer modo, se mantêm sempre os dois termos da relação: o dar e o receber, ao longo de toda a existência pessoal.

E o que mais poderíamos dizer daqueles que são os atributos pessoais? Que são aqueles mesmos capazes de definir os viventes humanos como sujeitos sociais mais que quaisquer outros indivíduos de qualquer uma das outras espécies animais.

Assim, podemos nos referir como as qualidades que marcam os humanos como humanos, tornando-os diferentes de todos os outros animais, os seguintes atributos:

- a habilidade, originada da liberação/domesticação do manuseio e que se manifesta especialmente pela criação dos instrumentos;
- a reflexividade, originada da liberação/domesticação da imaginação e que se manifesta especialmente pela criação da linguagem; e
- a reciprocidade, originada da liberação/domesticação da sexualidade e que se manifesta especialmente pela criação das condutas de relação ou das leis.

Trata-se, portanto, da educação – não do indivíduo mas do sujeito social[45] que é essa nova figura que vem surgindo das lutas sociais do final do século XX e início do século XXI. O sujeito social é aquele que se reconhece como recebedor/ construtor da cultura e da história humana, encontrando-se em processo permanente de permuta e de partilha com o mundo social e que é capaz de assumir toda a responsabilidade por seus atos, sem delegação e sem se deixar capturar nem pelo Estado, na figura do indivíduo – se proprietário ou eleitor –, nem pelo capital, na figura da massa – se operário ou consumidor.

Esse processo de educação dos sujeitos sociais tem suas exigências:

– respeito às experiências e contribuições que cada um traz;

– gestão comum do processo de diálogo e de permanente construção e reposição dos consensos[46]; e

– reposição das grandes construções simbólicas das diversas cidades humanas a partir das suas próprias – percebendo-lhes os estratos de sustentação – , de modo a poderem contribuir com o principal da obra do trabalho humano que é o da reposição do sentido da vida e culturas humanas.

d) O conceito de cidadania

Como vimos, originariamente o conceito de cidadania, para o estado moderno, tem como base não apenas a propriedade mas, igualmente, como fazendo parte de sua própria definição, que não se deva ter parte com o trabalho. Quem tem propriedades não precisa trabalhar; quem o faz é porque trabalha para outrem, de quem se torna dependente. Ora, quem é dependente não pode, pois, estar incluído nas categorias de liberdade, igualdade, fraternidade, lidas pelo terceiro estado como características dos cidadãos, quer dizer, dos proprietários.

Aos poucos, com os desdobramentos das lutas sociais, esse fundamentalismo da propriedade foi cedendo espaço àquele dos direitos humanos, ou dos direitos por nascimento. Obviamente, este direito por nascimento não passa, também ele, de um excesso de otimismo. Exceto quanto ao fato de que, quando nascemos, já entramos numa sociedade construída pelo enorme trabalho acumulado de gerações e gerações que criaram as culturas, as "cidades". Logo, não é o nascimento propriamente que, de fato, possibilita a vigência de qualquer direito[47], ele nos abre a existência de modo que possamos ter acesso aos frutos de todo o trabalho até então realizado.

É isso o que nos leva, portanto, a colocar o trabalho humano como a base da cidadania; aquele que cria as condições do bem viver na "cidade humana", no território transformado em habitat e santuário da vida humana.

Certamente o capital se oporia com toda a sua indignação a tal idéia, à qual até chamaria, além de subversiva, mal agradecida. Pois significaria que sequer se sabe reconhecer os benefícios recebidos[48]...

Assim como dissemos que um dos primeiros trabalhos humanos é o da própria educação, a percepção, aprendizagem e desenvolvimento das próprias habilidades, pensamentos e condutas, isto é, o educar-se como um sujeito social, um dos primeiros elementos de nosso conceito da cidadania é, portanto, aquele de se preparar e de participar ativamente do trabalho de reposição criativa e continuada da própria cidade humana.

Quanto a isso, é importante que se diga que o trabalho não se limita apenas, absolutamente, àquele de transformação material do mundo, resultado da aplicação da habilidade humana. Quem faz essa divisão é o capital (que hoje até se vê atrapalhado com ela, buscando superá-la). O trabalho, como ação humana, implica na aplicação de todas as principais dimensões humanas, ou seja, não apenas a habilidade mas, igualmente, a reflexividade e a reciprocidade[49].

Assim, pois, só poderá sustentar cidadania autêntica a sociedade capaz de garantir o direito a uma educação que permita que cada um se aproprie como todos os outros de suas significações sociais, não reconhecendo ninguém que delas se possa apropriar, abrindo-se à sua crítica e à sua reposição criativa e compartilhada, vindo assim a contribuir efetivamente para o seu enriquecimento e expansão por meio de novas criações e conhecimentos. Isso se explica pelo fato de que esses se fazem necessários não apenas para a própria continuidade e recriação dos trabalhos de reposição da sociedade como, igualmente, para o exercício compartilhado de sua gestão e governo.

O que quase, portanto, nem precisava de ser dito, de tão essencial: a cidadania diz respeito também, diretamente, ao exercício do próprio governo da cidade comum e com as condições do pleno conhecimento de causa.

Ora, é evidente que tal participação significa igualmente o usufruto pleno e compartilhado de todas as condições do bem viver da cidade possibilitadas pelo trabalho. Isso só poderá ser construído e vivido plenamente a partir da substituição da idéia-matriz de capital, como o grande demiurgo – idolátrico – da humanidade, para outro modo, cidadão, **polismônico** (relativo a um polismônio da cidade[50] em vez de um patrimônio do capital). Só desta maneira a cidade poderá vir a ser compartilhada e assumida como responsabilidade conjunta dos cidadãos, gerados e educados em condições de igual dignidade, respeito e atenção, para que assim também possam vir a agir.

V – A dedução complexiva

a) Uma breve introdução

Trata-se aqui, pois, de, a partir do conjunto das relações sociais e históricas vigentes e que se vêm ampliando expansivamente nesse emaranhado de conexões desde as origens da presente formação social histórica, da modernidade capitalista, buscarmos discernir os registros ou chaves maiores capazes de nos abrir o sentido mais abrangente dessas múltiplas relações.

Essa referência diz respeito a esse sentido mais amplo mas que se faz presente quase que magicamente a cada uma das relações e situações particulares do quotidiano de cada um. Magicamente, claro, só em aparência, não fossem essas relações fundadas numa lógica operativa de sustentação da vida que conjuga limites e possibilidades, mas mantendo escondidas as suas condições reais, objetivas e subjetivas.

Bem temos visto como o capital, durante todo esse tempo de sua idolatria e por isso mesmo, tem sido a principal chave para o sentido na presente sociedade, a sociedade do capital. Sua figura tem se mostrado muito – quase como todo-poderosa. Tanto que tem sido capaz de movimentar a história por muitos séculos. Assim, vemos hoje esse processo se aprofundar por meio da globalização da mercadoria ou de mercadorização geral, ameaçando abocanhar e dominar todos os corpos e mentes e as próprias condições e entranhas da vida[51].

No entanto, as contradições que ele abriu, longe de se resolverem, foram se aprofundando cada vez mais: o capital e o trabalho, o capital e as mulheres, o capital e as etnias, o capital e os direitos humanos, o capital e o meio ambiente, enfim, o capital e o bem público[52].

Sendo assim, é preciso avaliar bem em que medida as condições que sustentam essa figura do capital não estão já suficientemente comprometidas, e por isso não permitem mais a ele sustentar o que promete. E que outras condições, relativas a que figuras outras, e que de modo mais completo e convincente pudessem se apresentar, a fim de preencher mais amplamente o sentido do humano à altura do que hoje se exige.

Essa é a busca que deve ser feita entre os movimentos sociais, desde aqueles mais amplos, que se inserem nas contradições acima indicadas, como os de classe, gênero, etnias, meio ambiente, etc., àqueles mais específicos, entre os quais podemos localizar o da educação entre trabalhadores[53].

De tal modo que esse nosso exercício de dedução complexiva possa contribuir nessa busca de novos nexos e a visibilização de novas figuras e formas sociais, extraídas das lutas e das práticas sociais em curso e capazes de indicar um sentido mais condizente com o bem do planeta, com a excelência da vida e com a nossa dignidade de sujeitos humanos.

b) A inteligência geral

Atualmente, muito se tem falado sobre o "fim do trabalho". Certamente por se acreditar que a modernidade represente de fato aquela etapa salvadora que deve resgatar a humanidade da "selvageria" e da "barbárie" da qual também faria parte o trabalho (enquanto parte do mundo da coação[54]). Então, como o destino da modernidade estaria, enfim, sendo perfeitamente cumprido, com a dominação e a domesticação da "natureza", o trabalho estaria já enxergando o seu fim.

De fato, não resta dúvida de que o sistema produtivo do capital vem desenvolvendo um poderio tecnológico de tal ordem que, para atender a todas as necessidades e demandas dos habitantes do globo, esta produção vem, cada vez mais, sendo realizada por um percentual cada vez menor de trabalhadores.

Mas, será que isso significaria o fim do trabalho? Ora, não é bem isso. Não podemos falar nem mesmo do fim do trabalho assalariado. A verdade é que quem não tem parte com o capital só pode participar efetivamente da demanda do mercado se contar com alguma atividade ou algum posto de trabalho, de qualquer forma, remunerado – que é, aliás, o que vem diminuindo. É bem verdade que algumas sociedades estão pretendendo resolver isso por meio de um salário-desemprego, mas sem grande resultado; afinal, não é só dinheiro o de que se tem como necessidade[55].

Hoje, há quem avance na avaliação de que estamos chegando já ao que Marx chamou de *general intellect*[56], que se traduz por uma "inteligência geral", ou seja, a inteligência produtiva objetivada e transferida para as máquinas e que tudo produziria, cabendo aos homens apenas a supervisão do processo.

Por isso, há até quem se arrisque a dizer que, "quando o saber, a inteligência geral, se torna a principal força produtiva e a forma principal do capital fixo, esse não se apresenta mais, necessariamente, como uma força autonomizada que subjuga o trabalho humano. Muito mais dificilmente ele se torna monopólio do capital e muito mais facilmente ele se torna propriedade comum das pessoas"[57].

No entanto, devemos nos perguntar se não passaria tal avaliação de um fruto do otimismo exagerado dos cientistas sociais do Hemisfério Norte.

– Em primeiro lugar, certamente não podemos estabelecer essa relação, da "inteligência geral" como a "principal força produtiva e a forma principal do capital fixo" de modo igual para os quatro cantos dos cinco continentes do globo, mesmo no atual mundo "globalizado". Nem, sequer, para a maior parte dele.

– Em seguida, temos que nos perguntar por que e como "mais dificilmente" essa inteligência se tornaria monopólio dos capitalistas e "mais facilmente" propriedade comum das pessoas, se a tendência a que estamos assistindo com o avanço da financeirização globalitária é exatamente a oposta: a de monopolização por parte do capital financeiro de toda a inteligência produtiva?

Na verdade, além do modo de relação ou lógica operacional concreta (capital correspondendo à cabeça – o paradigma da racionalidade), capital significa também um estrato de sustentação bem determinado e que, não por acaso, corresponde a essa mesma potência produtiva em sua forma mercantil monetária ($ x mercadoria). Por isso, ele tem que ser "individualizado" (cada cabeça uma sentença) assim como generalizado (estendido a todos os lugares).

E tem que se referir exatamente ao comum das pessoas que devem se perceber como podendo igualmente atingir – desde que igualmente aptas – esse mesmo paradigma: de cabeça racional de interesse próprio que, ao se agir em conformidade a tal interesse, se atenderia igualmente o interesse de todos – de fato, servindo-se destes para aquele.

Assim, pelo modo como as pessoas se vêem socializadas e educadas hoje e pelas condições a que se vêem submetidas, vai-se repondo expansivamente esse núcleo relacional, lógico-operativo, ao qual se dá o nome de capital. Em nome dele, hoje, é a própria educação que sofre um processo de mercadorização pelo qual também ela deve se tornar um produto privado, escasso, de modo a encontrar seu valor no mercado.

Portanto, essa "inteligência geral" não chega nem perto de resolver o nosso problema de mudança de sentido para a vida social. Socializar o capital seria uma contradição não apenas nos próprios termos mas, sobretudo, nos procedimentos e em seu sentido. Assim, ao contrário de resolver, se agravaria o problema. Basta que levemos em conta como, até aqui, a inteligência tecnocientífica vem tão bem servindo à lógica do capital, de acumulação desenfreada de lucros privados[58].

Afinal, a tecnociência não é assim tão neutra[59] que bastasse uma simples mudança de mãos e, num passe de mágica, pudesse se resgatar. Ela está pensada e construída para realizar os desígnios do capital e a isso ela tem correspondido com a máxima eficiência. Basta dar uma olhada no campo da saúde, para não falar daquele dos alimentos ou no futuro da água doce no planeta...

c) O desafio

Não se pode, pois, deixar de reconhecer que na atual sociedade o capital tem-se fortalecido como a referência maior. E tanto maior quanto, geralmente, permanece escondido por detrás das inúmeras figuras que funcionam como suas guardiãs, mediadoras e operadoras, tais como a mercadoria, o estado ou o indivíduo[60].

Quanto mais foram ficando para trás os antigos modos de subsistência, mais o capital foi-se afirmando como a única figura que, ao mesmo tempo que guarda em si o sentido de origem e finalidade do conjunto da sociedade, também realiza com sua própria reprodução a sustentação de todo esse conjunto.

Isto é, ele se apresenta como o único modelo operativo pelo qual se pode manter a reposição continuada da sustentação da sociedade. (Tanto que, atualmente, até os próprios índios, em suas aldeias, devem se submeter a tais constrangimentos.) Por isso, esse é o seu maior trunfo, de fato, e sem ele não haveria como pensar a reposição continuada de todas as necessidades da sociedade[61].

O capital, hoje, significa o patrimônio lógico operativo de uma meritocracia cada vez mais diminuta, mas que se vê como o produto maior do processo de seleção natural e de cujo desempenho patrimonialista – garantido, afinal, pela justeza desse mesmo processo de seleção – vai depender a sobrevivência de toda a humanidade.

O que o capital esconde, portanto, é que o trabalho é que repõe todas as condições de vida das quais ele se apoderou. E, assim, segue sugando para si toda a seiva que é produzida mas que, com ao menos uma parte dela, deve continuar mantendo a vida dos humanos[62]. Do contrário, ele mataria a sua própria galinha dos ovos de ouro, que é a cidade, o terreno matriz da vida humana.

É como se o capital dispusesse de um filtro pelo qual tudo deve passar para se transformar em mercadoria. Assim, ele logra manter a cidade refém, transformando-se a si mesmo em seu grande benfeitor; dela retém os feitos que são dela, como se seus fossem, e devolve-os em seu próprio benefício mas como se em benefício dela fosse. O que não é difícil de se conseguir quando se detém o monopólio de todas as condições de sustentação das cidades humanas.

Por meio de quê? De qual filtro? Do estado-nação, encarregado de realizar a equalização entre as duas moedas distintas: aquela do trabalho, que garante a sobrevivência, e aquela da propriedade, que garante o entesouramento. O dinheiro é o mmc – o mínimo múltiplo comum – que converte em números fracionários a propriedade dos inteiros do capital a fim de que possam, convertendo-se em pequenas frações e misturando-se, absorver tudo o que é produzido pelo trabalho[63].

Essa mágica de transformação pelo filtro do estado do capital que garante a reprodução de tudo como mercadoria, até da própria vida, é o grande desafio que os movimentos sociais da atualidade têm pela frente.

Que figuras poderíamos dispor hoje para, ao menos, apresentar como possível alternativa àquela do capital, como ele dotada de um sentido eficaz e capaz de operar a continuidade do processo histórico da humanidade? Para que figuras são capazes de apontar, hoje, os movimentos sociais?

Sem dúvida, para que uma atividade social esteja inserida num universo de significação determinado, é necessário que tal significação já tenha sido instituída e esteja em ação na sociedade, de tal sorte que os novos sujeitos humanos possam ser socializados mediante o seu sentido. Este é um fato que amplia ainda mais o nosso desafio.

d) O polismônio

Não resta dúvida de que boa parte do que podemos chamar de movimentos sociais em nossas atuais sociedades permanecem absorvidos pela figura do capital. Não só porque não a questionam como, ainda mais, porque se põem como propósito sanar as feridas a bem dizer incuráveis que o curso do capitalismo, ao longo do tempo, tem aberto aos quatro cantos do mundo[64].

No entanto, são diversos os movimentos que, nesses últimos séculos, e a partir da sua contestação, vêm apontando alternativas à reposição da figura do capital e de sua mercadoria, com indicações preciosas de novos caminhos.

Inicialmente, temos o movimento operário que, desde o século XIX, vem apontando para o socialismo. O problema do socialismo é que, com seu caráter de utopia se mantém como uma abstração significante, sem incluir em si algum modo concreto de operação/regulação. Ou exclui qualquer possibilidade de mediação desse tipo, de operação/regulação, em sua versão anarquista; ou, em sua versão de socialismo real, assumiu aqueles mesmos operadores/reguladores do capital, mantendo assim a própria figura do capital, com o estado e o seu indivíduo superior e com sua lógica de potência produtiva movida do mesmo movimento que move a massa. De qualquer forma, essa foi uma experiência fundamental do século XX.

A outra foi o movimento das mulheres, cuja contribuição ainda não foi devidamente valorizada. Poderíamos destacar pelo menos três delas que são fundamentais para o que aqui se propõe:

– uma concepção abrangente do trabalho humano, por meio da crítica do trabalho socialmente necessário que desconsiderava como "apenas" biológicos os trabalhos realizados pelas mulheres, como os de parir, cuidar, alimentar, educar as crianças, as atividades do lar, os cuidados com os doentes, velhos, etc.;

– a modificação das condições de socialização das crianças, possibilitando o surgimento dos sujeitos sociais, e não mais apenas dos "indivíduos", na medida em que se vai rompendo com o patriarcado e, em conseqüência, com o matrimônio como parte do patrimônio; e

– a criação de condições para se perceber um fato completamente novo, que podemos chamar como *destituição de atribuição de poder* – ou o despoderamento do outro, ao invés do tão falado empoderamento, mesmo que como tal possa até ser confundido.

Na seqüência, temos os movimentos das diversas etnias que vêm buscando o seu reconhecimento e a sua igualdade – a igual dignidade. No Brasil temos, especialmente, os movimentos negro e indígena.

– Uma conquista fantástica, ainda que do ponto de vista apenas conceitual, é a impossibilidade rigorosa da afirmação das raças, e, pois, de qualquer proposição de diferença de raças. Isto é, a unicidade do gênero humano[65].

– No entanto, isso é completamente insuficiente do ponto de vista das condições sociais historicamente geradas.

– Além disso, hoje, o capital repõe essa questão da diferença de raça com um novo meio e, quem sabe, até mais poderoso do ponto de vista da ideologia: a diferença genética.

Os diversos movimentos tidos como de minorias (homossexuais, gays e lésbicas, portadores de deficiências, de vírus e outros) também têm trazido grande contribuição para o reconhecimento da diversidade humana e de sua situação no mundo, sua dignidade e autonomia. Especialmente no que se refere à saúde, tem ficado claro que não há como se esticar a mercadorização até o seu limite.

Um movimento que, igualmente, merece destaque é o de defesa dos direitos humanos, mesmo que sua figura não possa, na sociedade do capital, chegar ao mais pleno reconhecimento.

– Pois, como vimos, os direitos humanos têm seu fundamento no próprio trabalho, o criador e repositor das culturas humanas. Sendo assim, seus resultados cabem, por direito, à própria sociedade trabalhadora, recusando-se a forma da mercadoria. Ora, isto o capital não aceita sem que tenha que se negar.

– Outra grande contribuição da luta pelos direitos humanos é que ela assume dimensão universal, indicando a necessidade de um operador/regulador em nível mundial[66].

Outra gama de movimentos importantes no Brasil são aqueles dos sem terra, dos sem teto, dos atingidos por barragens, etc. Se, por um lado, eles se incluem na perspectiva anterior, dos direitos humanos, por outro lado questionam diretamente o modo de propriedade que é praticado. Além disso, eles se combinam também com o movimento ambientalista.

O movimento ambientalista, mais que todos, situa-se na bifurcação. Limpar o capital, sustentando a possibilidade deste vir a assumir sua responsabilidade ambiental? Ou reconhecer que capital e meio ambiente são pólos que não combinam, e que a Terra já dá mostras de seu esgotamento?

Uma série de outros movimentos têm levantado a bandeira das políticas públicas e da cidadania. Nesse caso, tem havido pouca percepção de que essas bandeiras passaram a ser defendidas exatamente quando se deixaram de lado – tudo em dizendo o contrário – as mesmas políticas públicas.

Sem dúvida, a radicalidade sempre aparece como incontornável, induzindo ao caminho mais fácil de reformar e "melhorar" o capital. No entanto, não há mais nada a esperar dele. De sua preocupação com o meio ambiente ou com a responsabilidade social, a resposta que temos tido é aquela dos ajustes, da recusa dos tratados internacionais, do desrespeito à própria ONU, da guerra, enfim.

Porque a lógica do capital é totalitária. Poucos serão os escolhidos para realizar a travessia da matriz energética do petróleo para aquela que deverá sucedê-la; poucos deterão o monopólio da biotecnologia; poucos dominarão a água; poucos irão controlar as matrizes da nanotecnologia. O capital não pode produzir abundância de vida porque seu paradigma, ou sua matriz lógica de reprodução, é aquela da escassez e do monopólio, a ser eternamente equilibrado – e sempre com desequilíbrio – pelo seu estado[67].

É por isso que aos poucos podemos acompanhar nos diversos movimentos sociais que recusam essa lógica o surgimento de uma nova figura capaz de reproduzir não um, mas uma diversidade de paradigmas. Ou seja, é capaz de uma abrangência e de uma abertura que o capital nem conhece e de cuja generosidade ele sequer poderá se aproximar, quanto mais dela se apoderar transformando-a em seu instrumento, como fez com a solidariedade[68].

Por isso, o momento presente exige a posição de uma figura capaz de ser ainda mais ampla e abrangente que a do capital. De uma generosidade tal que este não possa nem domesticar nem destruir. Tal figura já deve-se encontrar presente, em curso, e seu sentido deve poder não se contrapor mas colocar-se em evidência, mesmo que discreta, e mostrar um novo sentido, sem se pretender ocupar o mesmo lugar do sentido do outro; sem sequer afrontar nem mencionar esse outro. Mas que, nesse seu silêncio discreto, coloque esse outro em seu ridículo o mais lavado e desnudo[69].

Assim, o que até aqui se fez sem pensar, agora se deve fazer pensando, com toda a força do pensamento, que é mais que só razão (instrumento do capital), é inteligência (*intus legere*, ler dentro[70]). Permitindo-nos ir além das aparências e nos aproximar da criação.

E o que significa isso? Que figura nova será essa?

Da prática de educação entre trabalhadores, que significa uma espécie de caldeirão onde vão-se cozinhando e refletindo todas as vertentes desses diversos movimentos, podemos buscar reconhecer esta figura. Especialmente porque aí se vão experimentando dia a dia esses novos modos de convivência e de construção de sujeitos sociais. Isto é, sujeitos que se vêem como cidadãos trabalhadores, capazes de construir a cidade e de governá-la com todo o conhecimento de causa. Pois seu conhecimento provem da vida, do trabalho e do estudo, refletindo-se de volta no trabalho e no debate e discernimento comum de governo da cidade. É o que essa prática vem acumulando – simbólica e materialmente e como instauração de novas condutas e valores – e que podemos chamar inicialmente como polismônio, ao contrário de patrimônio.

De fato, não é nem nova nem única tal figura. Ela se compõe daquele mesmo núcleo triádico criador do mundo humano: trabalho, pensamento, cidade. É o núcleo mesmo de nossa humanidade, como dissemos antes: habilidade, reflexividade e reciprocidade:

- o trabalho como ação de reposição criativa da cidade;

- o pensamento como a comum compreensão das relações consigo, com os outros e com o mundo;

- a cidade como ambiente humano/matriz cultural onde se realiza o trabalho e o pensamento assumidos enquanto governo conjunto.

Assim, no contraponto da razão privada e individual do capital e de seu estado – universal feito de indivíduos privados – colocamos a cidade como inteligência comum, social, à qual cabe estabelecer um novo tipo de estado que seja próprio dela, um *quarto estado*, aquele que corresponde ao estado dos cidadãos trabalhadores.

Nesse estado, em lugar de vigir o patrimônio privado como base da cidadania, deve reinar o trabalho conjunto, construtor do polismônio.

No lugar do indivíduo privado, representação até inferior aos animais – esses, de uma forma ou de outra, sempre têm algo em que se educar –, abrir-se para receber e se expor como sujeitos sociais que são educados como diferentes, como cada um, porque em igualdade.

Assim, cabe ao polismônio garantir boas condições de existência e desenvolvimento pessoal a todos e a participação de todas/os em seu governo por intermédio de um estado que poderemos – então, com toda coerência – chamar de cidade – a nova *polis* – autônoma, complementária e autogerida, cuja política seja exercida por todas e todos, cidadãs e cidadãos trabalhadoras/es.

Para isso, cabe a nós e às nossas precárias cidades construir, gerir e repor criativamente esse polismônio de modo que ele seja capaz de garantir as boas condições de vida: habitação, saneamento, educação, alimentação, saúde e participação no trabalho comum a todas e todos os cidadãos trabalhadores[71].

VI – Uma proposta de educação entre cidadãos trabalhadores

a) As fontes da proposta

Como podemos ver, a idéia de um polismônio vivo e dinâmico, referida ao acervo cultural de cada formação social, de cada cidade, em todas as suas dimensões, materiais, simbólicas e de regulação (ou, dito de outro modo, mais apropriado: referente ao conjunto matricial de cada núcleo ou santuário cultural humano, enquanto *tecnias*, *logias* e *nomias*[72]), é radicalmente diferente daquela de capital, que diz respeito ao patrimônio das sociedades mercantis que submetem as dinâmicas sociais a seus pequenos interesses privados.

Tal perspectiva veio se configurando e ganhando modo de visibilidade a partir da conjugação entre as vivências práticas da educação entre trabalhadores com as reflexões, debates e conseqüentes reformulações de conceitos, a começar por aquele de trabalho, e de todas as suas repercussões.

Essas vivências se referem à participação ativa desses grupos de educação entre trabalhadores, ou desses colégios[73], tendo em vista o seu meio social, as suas alianças e a sua atuação como cidadãos. Em especial, elas se referem ao rompimento com a atitude de passividade e com a condição de refém do assalariamento, que represa a iniciativa do lado do capital, passando-se a exercer ações afirmativas quanto aos trabalhos de reposição das cidades, ou quanto à reposição criativa das condições de vida em suas cidades.

Assim, além da iniciativa mesma de assumir a própria educação – e por isso mesmo assumindo-a a partir de pontos de partida muito diferentes de como se leva a educação sob o signo da sociedade dominada pelo capital – se puderam desenvolver diversas atividades tais como:

– trabalhos de pesquisa, projetação e produção de equipamentos agrícolas adequados às condições da agricultura familiar, realizados em conjunto entre participantes do colégio – instrutores e aprendizes – junto com agricultores, técnicos agrícolas, técnicos em mecânica agrícola, dentro de um contexto dos movimentos sociais;

– trabalhos de instalação e manutenção de redes e instalações elétricas em unidades domésticas com baixo índice de ingresso de recursos, sejam urbanas ou rurais;

– trabalhos de construção de ferramentas e equipamentos em apoio à edificação de casas populares a serem autoconstruídas em terrenos ocupados pelos movimentos de moradia;

– trabalhos de implantação ou restauração de instalações, equipamentos, ou estabelecimentos comunitários, tais como escolas, creches, postos de saúde, praças, etc.;

– discussão e experimentação de processos de gestão participada e democrática de empreendimentos sociais e de grupos de produção associada;

– organização de grupos de produção associada para, além de permitir a sobrevivência pessoal, garantir também a sustentação e a continuidade das atividades de educação;

– promoção de conferências, palestras e debates sobre temas que dizem respeito aos trabalhadores e suas famílias;

– realização de eventos comunitários com apresentação de grupos de teatro, de dança, de música, etc.

– participação ativa em campanhas e lutas pelos direitos básicos de cidadania travadas em âmbito municipal, estadual ou nacional.

Essas atividades, e muitas outras, foram sendo viabilizadas a partir de uma programação mais ampla de estudos, de práticas diárias e de debates que culminam com o aprendizado de vários ofícios, conjugando-se dessa forma o trabalho com a produção de conhecimentos e o exercício da cidadania, voltados portanto a uma prática de cidadania ativa, participativa e laboriosa.

b) A concepção da proposta

Assim se foi concebendo muito concretamente um modo de educação altamente participativo e que leva em conta

– os diversos âmbitos da cultura

- do que já está feito e dos diversos modos de fazer e construir, ou de *tecnia*
- do que já se encontra pensado e dos modos de pensar e dizer, ou de *logia*
- do que já se tornou costume ou lei e dos modos de conduta, ou de *nomia*

– e as diversas instâncias da cidade humana

- aquela do *trabalho*, como reposição criativa da cidade,

- aquela do *conhecimento*, como produto e insumo não apenas para o trabalho mas também – e fundamental – à terceira instância que é

- aquela da *cidadania*, como participação ativa e com conhecimento de causa, no exercício de governo e usufruto compartilhado da cidade.

Aqui é importante que se estabeleça um contraponto. Trata-se, portanto, de uma educação que não se limita apenas ao campo de intercessão do âmbito da cultura que chamamos *logia*, com aquela instância da cidade que chamamos de conhecimento, como vemos acontecer nas escolas das sociedades dominadas pelo capital (até bem pouco tempo atrás, conhecidas como sociedades burguesas).

Desse modo, essas práticas puderam compor um formato que, bem se pode dizer, se conforma ao de uma educação de cidadãos trabalhadores. Não apenas porque referida a todas as dimensões da vida social, aí incluídas as de caráter pessoal, mas especialmente porque tratadas de modo a responder às exigências pedagógicas básicas do processo educacional, ou seja, aquelas de socialidade, de historicidade e de completude expansiva[74].

Além disso, também por se apresentar com um caráter altamente integrador entre, de um lado, as unidades domésticas e comunidades de moradia dos trabalhadores e, de outro, o conjunto da cidade humana em todas as suas outras dimensões.

Por isso, pudemos formular uma proposta de centros públicos de educação de cidadãos trabalhadores nos quais, de um lado, vamos encontrar a participação responsável dos estudantes que se põem como o motor fundamental como co-governantes e autores da própria educação e, de outro, essa mesma responsabilidade e dinamismo que se mostram capazes de injetar sangue novo na cidade, enchendo-a de movimento e iniciativa.

Nessa proposta vamos encontrar, nos pontos de junção entre cada uma das instâncias da cidade com aqueles âmbitos da cultura, laboratórios de produção conjunta de conhecimentos, oficinas de exercício dos trabalhos e núcleos de atuação cidadã. Isso compõe um quadro complexo e variado de atividades de estudo, de trabalho e de exercício da cidadania, e rompe com uma visão unilateral do conhecimento.

c) Proposta de educação entre cidadãos trabalhadores

Uma proposta para Centros Públicos de Educação de Cidadãos Trabalhadores[75]

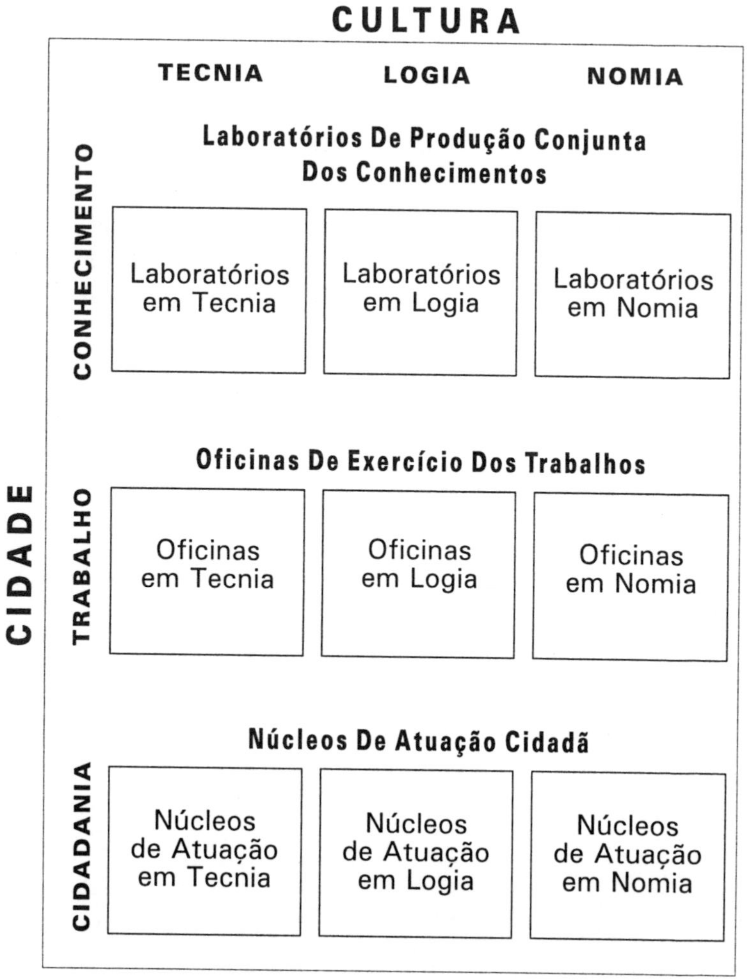

Em seguida, apresentamos alguns exemplos para preenchimento destes nove quadros que devem ser pensados de modo entrelaçado.

Os três primeiros quadros se referem aos laboratórios:

1. Laboratórios em Tecnia

- de sistemas mecânicos
- de circuitos elétricos
- de circuitos eletrônicos
- de sistemas de automação
- de processos químicos
- de argamassas e edificações
- de cerâmicas e vidros
- de organismos biológicos
- de informação
- de comunicação
- e outros

2. Laboratórios em Logia

- linguagens
  - línguas (pátria, do continente, outras)
  - matemática
  - lógica / informática

- estudos sociais
  - história do trabalho e dos trabalhadores
  - história da ciência e da tecnologia
  - geografia social e antropologia
- ciências
  - física
  - química
  - biologia

3. Laboratórios em Nomia

- relações sociais
  - instituições sociais e governos

    (contradições e dinamismos)
  - administração, gerenciamento e empresariamento social
  - questões de classe, de gênero e de etnia
- relações com o meio ambiente
  - o trabalho do universo
  - o trabalho da vida
  - o trabalho cultural – convívio humano com a Terra
- relações consigo próprio
  - personalidade, sexualidade, afetividade
  - nutrição, saúde e cuidados corporais
  - métodos de estudo, de trabalho e de conduta

Os três quadros seguintes se referem às oficinas:

4. Oficinas em Tecnia

- marcenaria
- metal-mecânica
- plásticos
- modelagem e costura
- eletricidade
- eletrônica
- habitação/serviços de pintura
- culturas agrícolas e zootecnias
- transformação de alimentos
- fitoterapia
- artes gráficas
- fotografia
- radiodifusão
- audiovisuais
- computação
- e outras

5. Oficinas em Logia

- produção de materiais didáticos
- assessorias pedagógicas
- linguagens lógicas
- línguas / produção literária
- produção de estudos – histórias e experiências

– produção de laboratórios para experimentação científica

– brinquedos educativos

– e outras

6. Oficinas em Nomia

– de planejamento

– de gestão e administração de empreendimentos

– de práticas de comercialização

– de moedas – como relação social

– de comunicação – rádio, tv

– de teatro

– de dança, música

– de esportes

– e outras

E os três últimos quadros que se referem aos núcleos de atuação:

7. Núcleos de Atuação em Tecnia

– de reinvenção das estruturas físicas da cidade

– de montagem de redes entre os diversos ofícios e fazeres

– de novas estruturas de abastecimento

– de novas instituições voltadas à garantia da participação de todos nos trabalhos de reposição da cidade

8. Núcleos de Atuação em Logia

- bibliotecas e centros de documentação acessíveis
- cursos, conferências e publicação de informações e pesquisas
- jornais, revistas, boletins, inclusive alternativos
- rádio comunitária livre
- tv comunitária livre
- e outros

9. Núcleos de Atuação em Nomia

- feiras, exposições, espetáculos populares
- mutirões e programas de emergência – situações de risco social
- excursões, torneios e animação popular
- participação nos movimentos sociais
- e outros

Finalmente, queremos observar que a consideração desses diversos âmbitos e instâncias entrelaçados conferem grande riqueza à prática educativa, pelo que merecem ser considerados também naquelas primeiras escolas – da Educação Infantil ao Ensino Fundamental – e até naquelas últimas – que podemos chamar de universidade. Já que também supomos ser exigência de cidadania que a educação seja atividade permanente durante toda a vida de cada um, estendendo-se praticamente do berço à senectude.

Por isso mesmo, devemos pensar que, em vez de prisões e quartéis, o que devemos erguer são Centros Públicos de Educação para Cidadãos Trabalhadores. E que estes devem se estender também para os inúmeros estabelecimentos escolares que estão aí, subaproveitados, e de modo especial, para aqueles que foram construídos e são mantidos com recursos públicos mas administrados privadamente, como é o caso de toda a rede da família S (Semi, Sesi, Sesc, Semt e outros).

VII – Uma (como que) conclusão

a) A coisa pública

Assim como se tornou normal pensar a sociedade a partir da matriz da propriedade, assim também se tornou normal ver como públicas apenas aquelas coisas que não são privadas. Como se o público fosse a exceção ou uma espécie de concessão do privado para se poder fazer ruas, praças e estradas e garantir os deslocamentos.

Além de vias e parques, seriam públicos também alguns estabelecimentos onde funcionam os órgãos do governo. Mas esses são tidos e vistos como estatais e, por isso, nem tão públicos assim, já que são remunerados via impostos que são pagos pelos proprietários – como se de fato assim o fosse...

Que, entre nós, o que é público seja tido como de ninguém, assim como as terras devolutas que, por isso, devem ser cuidadas pelas autoridades, não deve nem ser tão curioso assim. Afinal, até 150 anos atrás em nossa sociedade, a rigor, ninguém se podia dizer proprietário de terra alguma, pois todas as terras pertenciam à Coroa imperial[76].

Apesar disso, no entanto, se logrou construir muito bem uma cultura que contrapõe o público ao privado, de tal modo que, ao que tudo parece indicar, na verdade é o privado que dá origem ao público, concedendo-lhe algumas bondosas concessões de modo a contribuir com o público – aquele lugar de ninguém.

Mas qualquer proprietário capitalista sabe perfeitamente que precisa do público, assim como o nosso organismo precisa de ar – para garantir o direito de ir e vir, para si, seus insumos, suas mercadorias, seus trabalhadores, seus fornecedores, seus clientes... E para que possa subsistir como capitalista, legitimado pela lei que lhe defenda dos competidores, dos mais polidos àqueles mais truculentos. Por isso, esperam que haverá sempre que existir um estado que lhes garanta a propriedade e os contratos.

Ao mesmo tempo que todos os que vivem de vender o seu trabalho – não apenas como força de trabalho, é necessário sublinhar, mas como conhecimento, habilidade e disposição – também sabem que precisam do público e de um estado que lhes garanta ao menos algum mínimo para viver e, especialmente, da proteção contra os poderosos e os truculentos[77].

Ora, o que temos que concluir é que, de fato, o privado não passa de um modo público, estabelecido em sucessão ao privilégio do sangue, a fim de se garantir o que se põe como o bem comum na moderna sociedade ocidental.

Ainda que com suas lutas as classes trabalhadoras tenham logrado, também elas, alguma forma de participação nesse modo de propriedade, no entanto o marco permanece aquele da sociedade burguesa. E como bem sabemos, em se tratando da sociedade burguesa, não existe nada nela que possa simplesmente se estender para todo o conjunto da população. Não foi para isso que esse tipo de propriedade foi cunhado.

Mas o que com isso fica muito claro e fácil de se compreender é que é o público que dá origem ao privado. Porque a terra é de todos ela pode ser distribuída. O privado é que foi estabelecido como garantia do público, não o inverso. Como, aliás, expressa muito bem a Constituição Brasileira de 1988, quando prescreve que "a propriedade atenderá a sua função social"[78].

Portanto, o bem privado foi uma fórmula pública encontrada pela burguesia européia nos séculos XVI, XVII e seguintes para uma estruturação social que lhe permitisse uma "boa" divisão das terras, das riquezas e dos benefícios dos poderes públicos. E assim foi que ela acabou conseguindo inverter a equação: ao invés de garantia do público, o privado passou a ser tão-somente garantido pelo público, excluídas as outras possibilidades.

Ao realizar essa inversão, açambarcando o público e colocando-o a seu serviço, o capital tomou a sociedade como refém. E fez isso com muito maior facilidade em sociedades como as nossas, em que sequer a maioria da população se via como passível de qualquer modo de propriedade.

Na verdade, este é o sentido maior para o propalado controle da natalidade: manter o controle sobre a distribuição da propriedade privada. Esse é o principal índice de desenvolvimento do capital: a sua distribuição entre poucos, garantindo-se, até mesmo, contra o próprio processo biológico.

Por isso, o paroxismo a que chegamos: entre proprietários e despossuídos, entre ricos e pobres, entre incluídos e excluídos; entre países e cidades desenvolvidas e aqueles de periferia, "desenvolvidamente subdesenvolvidos"[79]; entre as famílias abastadas (sempre bem enxutas) e aquelas bastardas (tipo sempre cabe mais um).

Por isso, esse modo de cidadania – hoje assentado sobre a propriedade privada – exige que se inicie, o mais rápido possível, um grande movimento no sentido de se recompor esse fundamento para que se possa chegar a fazer coincidir o que funda a cultura e a humanidade com o que funda o direito e a cidadania: o trabalho como reposição criativa da cidade humana.

b) O bem público

Vimos que o fundamento da cidadania está no trabalho acumulado de gerações e gerações. Ora, um dos primeiros desses trabalhos é aquele da educação dos filhotes humanos. E a educação é atribuição, além do casal responsável por eles, de toda a sociedade. A educação dos filhos é atribuição da própria cidade enquanto criação de seu bem público maior: os próprios cidadãos trabalhadores, seus repositores criativos e, ao mesmo tempo, os destinatários de suas boas condições de vida humana.

Hoje se diz – cada vez menos – que a educação é uma obrigação do estado. Hoje, na verdade, se conspira contra essa regra de ouro, transformando-se a educação numa mercadoria[80].

Ora, na verdade não é isso o que interessa aos cidadãos trabalhadores: nem a educação transformada em mercadoria, nem a educação que esse estado nos vem oferecendo e, nem mesmo, essa forma de estado que aí está, refém e submetido à lógica patrimonialista do capital.

A coisa pública da modernidade não nos garante o bem público, ela se refere a proprietários privados. O bem público da contemporaneidade diz respeito aos cidadãos trabalhadores que, familiarmente, não dispõem de nada muito além de seus pequenos fundos de trabalho.

O componente mais precioso do fundo de trabalho das unidades familiares ou domiciliares dos cidadãos trabalhadores é exatamente aquele de sua educação, ou de seu desenvolvimento humano da forma a mais ampla possível. E essa educação tem seu início exatamente aí, em sua unidade domiciliar[81].

Por isso mesmo, temos que convir que o *locus* do que é o público (o espaço do bem público) se põe onde tem início cada um daqueles que se compõem no que vem a ser o bem público por excelência: cada um dos cidadãos trabalhadores. Portanto, o espaço público tem início exatamente ali onde se situa cada uma das unidades domiciliares; exatamente ali, onde cada um dos cidadãos trabalhadores tem sua origem.

Não há outro meio capaz de realizar que cada um possa se enxergar como qualquer outro, como um igual entre iguais, em conformidade à diversidade 'natural' da vida. Não se abrindo espaço a quem quer que seja se assenhorear das significações sociais impondo-se aos demais como se fosse o senhor delas.

Estamos, pois, nos referindo a um novo modo de construção do espaço público, que se inicia das próprias unidades domiciliares como berço fundamental e destino final do trabalho. Assim, a privacidade de cada um é posta também como bem público, e endereço também do polismônio. Significa nada mais que o reconhecimento da obrigação pública de se garantir a retribuição para todos, como reconhecimento pelo trabalho até aqui realizado, dos meios comuns da vida, a que chamamos cidade – a moradia, a alimentação, a saúde, a educação, a participação no trabalho, etc. Pois estes nada mais são que fruto do próprio trabalho acumulado ao longo da história de cada cidade.

Eis, portanto, a grande descoberta: de que podemos olhar a sociedade com outros olhos que não apenas aqueles que vestem os óculos da razão do capital – que funcionaliza o estado em seu próprio benefício. Podemos olhá-la com os olhos do trabalho, que é o fundamento de todos os direitos a serem garantidos pelo autogoverno cidadão do polismônio.

Polismônio, pois, que tem de um dos lados todas as unidades domiciliares, onde se realizam os fundos de trabalho que sustentam a vida dos cidadãos trabalhadores[82]. E, de outro lado, os mercados: não necessariamente apenas como aqueles açambarcados pelo capital, a imensa maioria, mas o lugar onde se realizam os trabalhos e se expõem e se trocam os seus resultados. E sempre é importante notar como tudo isso vem intermediado pela educação.

Nas unidades domésticas são os cidadãos que se abrem para a cidade, para dela receberem todo o conjunto das significações sociais características de seu momento cultural, incorporando-os em seu antro cultural (a formação dos sujeitos sociais). Por sua vez, nas unidades de educação é a sociedade que se abre a esses cidadãos no sentido de lhes oferecer acolhida e possibilitar a cada um, em conjunto com os demais e em igualdade de condições, o desenvolvimento pessoal e o necessário encaminhamento à sua inserção ativa na cidade (a formação dos sujeitos políticos).

c) Uma sociedade sem escolas?

Quando novamente na história humana nos encontramos frente a frente com novas grandes transformações, não apenas no âmbito tecnológico (no qual se põe a urgência de mudança da matriz energética e o aprofundamento da exploração da qualidade da informação dos elementos do universo, por meio da biogenética e da nanotecnologia, ampliando o campo já aberto pelas microeletrônica, informática e telecomunicações) mas de modo mais amplo, no âmbito civilizacional, chamamos a atenção aos seguintes pontos:

– a necessidade de uma nova concertação para uma governança internacional que estabeleça o reconhecimento e o respeito mútuo, a reciprocidade, a igualdade e o direito à diferença entre os povos, coibindo a prepotência e a truculência não apenas das grandes corporações como dos estados que as acobertam, as representam e as servem;

– a necessidade de uma redefinição profunda dos estados nacionais, de sua sede na propriedade privada e na figura do indivíduo contra a massa, restabelecendo o bem público como o polismônio, assentado sobre o trabalho que é origem do direito e condição da cidadania; e

– a redefinição, portanto, da moeda, de sua linguagem e de seu papel social, distinguindo as funções que ela, propositadamente, embaralha, e retendo o avanço da mercadoria.

Isto para se falar apenas de um mínimo.

Está cada dia mais claro que a anarquia promovida pelo capital, que se traduz numa *telia* (ou finalismo) tipo "todo poder ao indivíduo que deve buscar a si mesmo contra todos os outros" guarda veneno suficiente para ir ainda bem mais além da barbárie a que, a esta altura, estamos vivendo. Certamente, essa fórmula tem veneno bastante para levar ao fim a própria humanidade, assim como ela mesma deu fim a um sem conta de espécies outras.

Se queremos colocar um freio em tal catástrofe, de nada adianta continuar a se pensar em qualquer forma de guerra ou de confronto de poder. Trata-se agora de se construir a paz, ou seja, de se desprezar qualquer jogo de poder ou de empoderamento e passar ao despoderamento: a uma destituição de atribuição de poder. Pois, só assim, de fato, se pode chegar a construir um novo patamar de humanidade.

Este patamar se faz de inúmeras referências que vão surgindo com força e se colocando como realmente novas na história dos homens. E a primeira delas é muito clara: trata-se da nova posição ocupada pelas mulheres, como feminino afirmativo na sociedade. Não apenas libertação e, menos ainda, o simples empoderamento, mas o despoderamento do masculino patriarcal capitalista, porque proprietário, e de todos os demais empoderamentos, inclusive aqueles femininos[83].

Sem dúvida, aí está uma grande novidade, aliás, anunciada já faz muito tempo: a mulher que, com o calcanhar, pisa a cabeça da serpente[84]...

Não temos dúvida de que as mulheres são capazes de mudar as próprias mulheres e os homens. E de que mulheres e homens transformados são capazes de gerar seres humanos de novo tipo, capazes de suportar a igualdade e a fraternidade humanas mantendo a sua autonomia.

Por isso, é fundamental uma reconstituição profunda da educação dos cidadãos, tendo em vista uma educação de cidadãos trabalhadores por meio de centros públicos de trabalho, de produção de conhecimento em comum e de exercício da cidadania.

Ressalte-se que não estamos falando de escola, que se traduz como lugar do ócio. Porque se fez do trabalho uma desgraça, uma tortura, e, assim, ele deve ser proibido às crianças. Desta forma, estas estão impedidas de ver o trabalho como o construtor da humanidade, como princípio educativo por excelência, pois definidor da responsabilidade humana e da cultura e da própria humanidade.

De tal maneira que poderíamos falar de uma sociedade sem escola[85] – sem mestres que detenham o poder de estado ou o estado do poder sobre o conhecimento –, do mesmo modo que uma sociedade sem estado – sem estado de poder, pois deliberar, coordenar, avaliar e moderar são tarefas, trabalhos a se imediatamente prestarem contas com transparência e não estado de poder.

Assim, a cidade se manterá como instância de trabalho, de educação e de confraternização compartilhada, como o lugar onde se desenvolve a vida, como uma autêntica cidade humana, habitada e construída e gerida por cidadãs e cidadãos trabalhadores/as.

Isso significa dizer que, no presente século, já vimos nos compondo num movimento muito amplo – cujos indícios até já se fazem ver, com o Fórum Social Mundial – referente a todas as dimensões das culturas humanas. Uma vez que este é o único modo de, coerente e criticamente em adiante, darmos prosseguimento ao movimento dos trabalhadores do século XX: como um movimento de cidadãos trabalhadores, cujas linhas de força se expandem para todos os âmbitos da ação humana. Um movimento plural, mas que recuse qualquer forma de reprodução da mercadoria, abraçando sem restrições a reposição criativa, democrática, fraterna e sustentável da cidade humana.

Na verdade, portanto, a educação tem um papel fundamental não apenas na passagem dessa grande transformação pela qual estamos atravessando, como na própria definição da humanidade que teremos daqui para frente.

Notas

[1] Em seus Manuscritos de 1844, Marx refere-se a Hegel como quem soube conceber o "homem objetivo" e "verdadeiro" como o "homem real", tomando-o como "resultado de seu próprio trabalho". Como reconhece em Hegel quem soube apreender a "essência do trabalho" e essa "autoprodução do homem" como um "processo dialético".

[2] Obviamente, temos que ter todo o cuidado ao referir significados de palavras para longos períodos históricos ou, mais ainda, para diferentes formações culturais. No entanto, como nos lembra F. Braudel, "entre o passado, mesmo longínquo, e o presente nunca há ruptura total, descontinuidade absoluta ou, se preferir, uma não-contaminação. As experiências do passado prolongam-se incessantemente na vida presente, alargam-na." (*A dinâmica do capitalismo*, Teorema, 1985, p. 53).

[3] Mesmo se devemos a Hegel uma interpretação de certo modo positiva do conceito de trabalho, na qual este deixa de se pôr como castigo passando a ser tomado como valor, ainda assim o modo como o assunto é tratado não é outro senão aquele da dialética do senhor e do servo, na qual o trabalho se encontra apenas, obviamente, restrito ao servo. Ainda assim, Marx diria que Hegel teria visto apenas o lado positivo do trabalho, deixando de lado toda a sua negatividade e alienação. (Ver Astrada, C., *Trabalho e Alienação*, Paz e Terra, 1968.)

[4] Não há como não se lembrar da famosa afirmação de Sartre, de que "o inferno são os outros", sobre a qual Castoriadis, em *A Instituição Imaginária da Sociedade*, comenta causticamente: "o autor desta frase estava, sem dúvida, certo de que não trazia nada em si mesmo que fosse de um outro (sem o que ele poderia também dizer que o inferno era ele próprio). Aliás, recentemente, ele confirmou essa interpretação declarando que não tinha superego. Como poderíamos objetar a isso, nós que sempre pensamos que ele falava dos assuntos desta terra como um ser surgido de outro planeta?" Mas, deixando de lado esse folclore, o mais fundamental é a denúncia que faz Castoriadis, extensiva a princípio (como era próprio de sua modéstia inata) a toda a "filosofia tradicional", em relação a quantos querem se fundamentar "na liberdade pura de um sujeito fictício" e que, assim, "se condena a encarar a alienação do sujeito efetivo como problema insolúvel" por referência a uma racionalidade "tanto mais alienada quanto mais não pára de afirmar sua liberdade, quanto esta é, ao mesmo tempo, incontestável e vazia."

[5] Kurtz, em comentário sobre G. Orwell ("Caderno Mais" da *Folha de São Paulo* – 1/6/03), comenta que, em *1984*, Orwell deixa transparecer que "até mesmo o 'trabalho'abstrato não é um princípio ontológico e menos ainda um princípio de emancipação, mas, pelo contrário, o princípio do poder repressivo, que submete os animais ao fim em si mesmo irracional do 'produzir por amor de produzir'. Assim, "o sinistro já não é tanto a coerção externa, mas muito mais a interiorização dessa coerção, que acaba aparecendo afinal como imperativo do próprio Eu." Denunciando que "o fim em si mesmo irracional da 'valorização interminável do valor' por meio do 'trabalho' abstrato quer o *homem auto-regulador*, que reprime a si próprio em nome das leis sistêmicas anônimas."

[6] Como diz o autor de *O Capital*, "o reino da liberdade" – ou o início da história humana – só começa de fato onde cessa o trabalho que está determinado pela necessidade e pela finalidade externa.

[7] J.Baudrillard, em artigo no *Le Monde Diplomatique* (nov. 02), comentando a violência do mundo atual, fala de "um confronto –

quase antropológico – entre uma cultura universal indiferenciada e tudo o que, em qualquer área, conserva algo de uma alternativa irredutível". E completa dizendo que "a missão do Ocidente (melhor, do ex-Ocidente, já que este, há muito, deixou de ter valores próprios) é submeter, por todos os meios, as múltiplas culturas à lei da equivalência". (Tradução tirada de *Cepat Informa*, nº 92, dez 02.)

[8] A realização dessa utopia, evidentemente, é vista de modo invertido conforme a posição no espectro das interpretações do mundo emcada um se ponha. Ou bem já se teria alcançado esse "fim da história", uma vez que o 'espírito do mundo' teria já realizado sua tarefa de 'mão invisível', atingindo-se o 'capital permanente universal'. E, neste caso, a liberdade dos cidadãos se define como aquela de consumir o que bem se entender, mediante a aquisição das mercadorias, essa 'forma perfeita' dos 'objetos racionais' ou 'racionalizados'.

Ou bem, como propõe István Mészáros – *Para além do Capital*, 2002 – junto com Marx, mesmo se dotado de "um *movimento dinâmico*" com aparentemente *irresistível lógica global expansionista*, o capital não representa uma *terminação* inalterável do processo histórico já que, como diz Marx, "no sistema da propriedade privada, essas forças produtivas se desenvolvem de forma apenas unilateral e, em sua maioria, tornam-se forças destrutivas". (p. 58)

É assim que, nesse monumento de mais de mil páginas, o professor Mészáros repõe com todo o vigor e atualidade o debate que vem dos séculos XVIII e XIX, entre os que buscam justificar seus privilégios nas injunções concretas do mundo mediante uma visão idealista da História e os que buscam transformar essas injunções concretas conforme os ideais mais nobres da história humana.

[9] Mészáros analisa com muita argúcia a incapacidade do cumprimento da "exigência elementar e politicamente irrefreável da liberação das mulheres" como um dos gargalos do avanço do capital, junto com as questões que envolvem os estados nacionais, as questões ambientais e o desemprego crônico (capítulo 5 de *Para além do Capital*). Trata-se

de ver o fôlego mimético desse sistema no sentido de sua capacidade de mercadorizar até o que quer se pôr além de seu limite.

[10] Diz Francisco de Oliveira que "o que está em jogo é menos o trabalho abstrato ou concreto e muito mais o seu significado no campo das aquisições políticas desde a Revolução Francesa" (em "A crise e as utopias do trabalho", no *Economia dos setores populares: entre a realidade e a utopia*, Vozes, 2000, p.78).

[11] Por isso, vem crescendo hoje a discussão em torno de um 'salário de existência' ou 'renda básica'. Em entrevista para *Folha de São Paulo* (26/8/02), Philippe Van Parijs, economista membro fundador da Rede Européia da Renda Básica (Bien, é a sigla em inglês) distingue 'renda básica' de 'renda mínima': "a idéia de uma renda mínima garantida ... é antiga, já desenvolvida no século 16. É condicional em pelo menos três aspectos: é dada a famílias ou domicílios, é recebida apenas pelos pobres, espera-se de quem recebe que esteja disponível ao trabalho." Já "a idéia de renda básica de cidadania, que não existe em nenhum país, é que ela seja incondicional em relação a essas três dimensões: é individual, é dada a ricos e pobres no mesmo nível e não depende da vontade da pessoa querer ou não ir ao mercado de trabalho". E acrescenta: "é essencial entender que, longe de afastar as pessoas do trabalho, um programa de renda de cidadania permitiria que as pessoas trabalhassem sem perder os benefícios. A expectativa geral é que, quando trocarmos o sistema de renda mínima pelo de renda básica, mais pessoas irão trabalhar, não menos." Aliás, isso que mais parece um sonho desses idealistas europeus mereceu dois dias de debate, em setembro de 2002, por parte da OIT, a Organização Internacional do Trabalho, conforme noticiou o *Libération* – 16/9/02. "Esta renda, paga pelos governos, deveria permitir a cobertura das necessidades essenciais, tais como: alimentação, moradia, cuidados com a saúde e a educação" e pode deste modo "contribuir para reduzir numerosos seguros sociais 'paternalistas' cuja concessão é condicionada à conduta e ao estatuto das pessoas." (Extraído de *Cepat Informa*, nº 92, dez/02).

Sem dúvida, é o que podemos argumentar, esse mesmo efeito pode ser obtido operando-se "em espécie", isto é, sem que tudo tenha que passar pela forma monetária, a matriz da mercadoria.

[12] A exemplo dos "apologistas do sistema do capital, como o *Companion of Honour* da Baronesa Margaret Tatcher, F.A. von Hayek" que "projetam as relações capitalistas de troca até a fase mais antiga da humanidade, para poderem *eternizar* o modo específico de reprodução expandida do atual sistema socioeconômico baseado na regra do capital e na respectiva 'ordem econômica ampliada'." (Mészáros, p. 190).

[13] Podemos tomar como uma primeira aproximação do que estou chamando aqui de *antro cultural* a descrição que faz F. Braudel (em *A dinâmica do capital,* p. 14 e 15), quando procura descrever o seu objeto de estudo. "Comecei por abordar a questão das inércias, à primeira vista uma história obscura, fora da consciência clara dos homens, que, nesse jogo, são muito menos atores do que agidos." E mais a frente: "o objeto da investigação é, tanto quanto possível, claro, enquanto a procura se revela aleatória, cheia de lacunas, de armadilhas e, possivelmente, de equívocos. De fato, todos os termos de ponta utilizados – inconsciente, quotidiano, estruturas, profundidade – são em si obscuros. Não se trata propriamente do inconsciente da psicanálise, se bem que este esteja também aqui implicado, e se bem que ainda venhamos, porventura, a deparar com o inconsciente coletivo, cuja realidade tanto atormentou C. G. Jung. (...) Parti do quotidiano, daquilo que nos condicionava a vida, sem que o saibamos sequer: o hábito – melhor, a rotina –, mil gestos florescem, se completam por si e perante os quais ninguém tem de tomar decisões, gestos que acontecem, na realidade, fora de nossa plena consciência. Acredito que mais da metade da vida da humanidade está mergulhada no quotidiano. Inumeráveis gestos herdados, confusamente acumulados, infinitamente repetidos para chegarem até nós, ajudam-nos a viver, aprisionam-nos, decidem por nós, ao longo de toda a nossa existência. Incitamentos, pulsões, modelos, formas ou normas de atuação, que remontam por vezes, muitas mais do que supomos,

aos confins dos tempos. Antiquíssimo e sempre vivo, um passado multissecular deságua no presente, tal como o Amazonas lança no Atlântico a enorme massa das suas águas turvas."

Diria que esse conceito, de *antro cultural*, é demandado como uma mediação entre o imaginário social e a imaginação radical, em Castoriadis.

[14] A lembrança aqui vai, obviamente, para Marilena Chauí, em seu, entre outros, *O que é ideologia*, Brasiliense, 1980.

[15] Mészáros se refere a tal exigência como poder se representar como "uma alternativa coerente e abrangente à ordem dada como modo de controle sociometabólico e sistema de reprodução social." (op.cit., p. 96).

Quanto a esse particular, L. I. Gaiger, professor e pesquisador da Unisinos, refere-se ao que ele denomina como 'economia popular solidária', formulando a seguinte "hipótese teórica: da criação de uma forma social de produção que, por largo tempo, vai no máximo conviver com outras formas e, talvez, se consolidar conforme a sua especificidade." ("Sentido e possibilidade da economia solidária hoje", em *Economia dos setores populares: entre a realidade e a utopia*, Vozes, 2000, p. 195).

[16] Ver, à p.46, a definição que damos para o trabalho, onde recusamos aquela de reprodução do capital e afirmamos a de reposição criativa da cidade, ou do acervo comum garantidor do bem viver cultural humano.

[17] É preciso referir que esses dois primeiros procedimentos foram tomados das aulas de filosofia com Henrique Vaz, no Instituto de Filosofia da UFMG, na segunda metade da década de 60. Landim fala do método do Pe. Vaz em *Conversas com Filósofos Brasileiros*, Editora 34, 2000, p. 251 e ss. Diz ele que "Vaz, nos seus cursos, incorporava esse método (o método medieval de exposição e de demonstração das teses filosóficas) a um método, pessoal, que continha duas partes: a *indução histórica* e a *redução crítica*. Pela indução histórica, era

estudada a gênese histórica de cada uma das teses analisadas; pela redução crítica, eram examinadas e criticadas as diversas posições dos diferentes filósofos que tinham abordado a questão".

Daí retomei esse caminho com outra abordagem, formulando um terceiro passo que julguei adequado como decorrente e exigido como intercomplementar à ação crítica numa prática histórica sempre repositora de antigas e sempre geradora de novas conexões. Vai assim, aqui, uma humilde homenagem ao Pe. Vaz.

[18] Como se essa qualidade da materialidade pudesse se traduzir num sinônimo para morada da razão por meio da qual, mediada pelas necessidades, se pusesse em ação algum operador para uma certa 'astúcia' que viesse a ganhar sua concretude na história.

[19] Analisando exatamente a 'astúcia da razão' em Hegel, Castoriadis termina por apresentar o que considera como o "problema primordial da prática" e que acaba obscurecido por ela: e é "que os homens têm que dar à sua vida individual e coletiva uma significação que não é predesignada e que têm que fazê-lo dentro de condições reais, que não excluem nem garantem o cumprimento de seu projeto" (*Instituição Imaginária da Sociedade*, p. 68).

[20] Para uma leitura corretamente dialética (Razão x Natureza mediada pela história), seriam suficientes, a rigor, esses dois movimentos: o da indução histórica e o da redução crítica, a partir dos quais se estabeleceriam os vínculos causais de determinação e as grandes contradições a serem, ainda, superadas. O passo seguinte que estamos propondo – o da dedução conectiva – quer significar o reconhecimento de que as relações causais e as contradições não chegam a ser suficientes para dar conta de um processo no qual o campo das conexões se movimenta muitas vezes 'aleatoriamente', por meio de "criações" (que na dialética ficam reduzidas ao campo do descobrimento e do desenvolvimento).

Aliás, o Pe. Vaz, em *Raízes da Modernidade* (Loyola, 2002), situa essas raízes ainda no século 13, com Tomaz de Aquino, que faz encontrar a filosofia de Aristóteles com a tese da criação. O que, tomado por Hegel, é transformado na dialética do trabalho. No entanto, a força da razão e de sua inscrição à natureza criada é de tal ordem que, podemos dizer, uma vez criada – por isso mesmo, de modo contraditório – basta o desenvolvimento das contradições para que as novidades – de algum modo já demarcadas e, por isso mesmo, passíveis de desvendamento científico – se manifestem.

Ora, me parece de grande importância buscar uma coerência de novo tipo com respeito à criação – até mesmo em se podendo perceber que essa própria razão é ela mesma produto de humana criação. Castoriadis avança nessa perspectiva. Assim, para ele "... o não causal aparece (...) como comportamento não simplesmente 'imprevisível', mas *criador* (dos indivíduos, dos grupos, das classes ou das sociedades inteiras)..." (I.I.S., p. 58). Aliás, esse é um tema ao qual ele voltará recorrentemente em toda a sua obra, como quando trata do 'social histórico' (em I.I.S. p. 201-257) ou em sua obra final, *Feito e a ser feito*, DP&A, 1999, no capítulo *Phusis*, Criação e Autonomia (p. 211 e ss).

[21] Esse procedimento da dedução complexiva, de algum modo correspondente ao que chamo de completude expansiva – que situo como característica do processo educativo exatamente porque a vejo presente como processo social e movimento histórico –, não quer se referir a nenhum modo de 'holismo' que se põe como substituto da 'natureza' nem de 'complexidade' como substituto da 'racionalidade' e que, por isso, acaba por não dar lugar à emergência do novo, da criação. (Ver em *Feito e a ser feito*, de Castoriadis, capítulo sobre a "Complexidade, os Magmas e a História", p. 223 e ss).

[22] Trata-se, obviamente, de assunto de tal vulto, tão vasto, rico e inesgotável, que falar dele sem referência à rica e vasta bibliografia de que dispomos chega a ser temeridade. A propósito, a Aguilar acaba de editar (2003) a segunda edição de *Intérpretes do Brasil*, em três volumes – 1: Joaquim Nabuco, Euclides da Cunha, Manuel Bonfim, Oliveira Viana, Alcântara Machado; 2: Paulo Prado, Gilberto Freyre; 3: Gilberto Freyre, Sérgio Buarque de Holanda, Caio Prado Júnior e

Florestan Fernandes. Não se poderia esquecer numa lista desta ordem de Alfredo Bosi, Darci Ribeiro e tantos outros, para não falar dos romancistas, cordelistas, etc.

Mesmo assim, estou cometendo aquela temeridade, limitando-me a uma página de mal traçadas linhas, em grandes pinceladas e de modo quase expressionista.

[23] Esses fatos podem ser acompanhados pelos relatórios dos diversos encontros realizados anualmente entre essas diversas escolas, de 1979 a 1985, e de 1989 até o corrente 2003, que se encontram na documentação da CAPINA.

[24] Tirado de *Conselho de Escolas de Trabalhadores: por uma educação de cidadãs e cidadãos trabalhadores*, de Xico Lara e Beatriz Costa, publicado em *Alfabetização e Cidadania – Educação de jovens e adultos e trabalho* – nº 8, fev . 99, RAAAB – Rede de Apoio à Ação Alfabetizadora do Brasil, p. 23 e ss.

[25] Idem.

[26] Conselho de Escolas de Trabalhadores - CET. Ver na página da Internet www. educaçãoetrabalho.org.br, os temas discutidos pelo Conselho de Escolas de Trabalhadores – antecedentes atuais, dez./2002.

[27] Ver "A questão política da aprendizagem profissional", em *Cadernos do CEDI*, nº 6, de 1980.

[28] Ver "Projeto comum das Escolas Operárias", em *Os temas discutidos pelo Conselho de Escolas de Trabalhadores – antecedentes atuais*, dez/02.

[29] Ver *Plataforma de Educação para Cidadãos Trabalhadores* – setembro/ 1995, na página do CET.

[30] Ver na página do CET: A economia popular solidária em seminário, da Coleção Memória de Oficinas entre Escolas de trabalhadores, 2000/ 2001.

[31] Olhando pelo inverso, mas por isso mesmo capaz de explicar muito bem o que se diz, Castoriadis, ao analisar a dificuldade de penetração do capitalismo na maioria das sociedade 'pré-capitalistas' (I.I.S, p.403), comenta que "esta dificuldade não é dificuldade de importação de máquinas, nem de 'capital', nem dificuldade de uma 'aprendizagem técnica' proveniente de escolas profissionais. Ela é dificuldade e até impossibilidade de fazer nascerem, da noite para o dia, ou no espaço de alguns anos, 'homens capitalistas' (como capitalistas propriamente ditos e como proletários)...". O que vem seguido pela descrição do que significa ser esses 'homens capitalistas'.

[32] Ver nota 13.

[33] "... como a curvatura específica a cada espaço social; como o cimento invisível mantendo unido esse imenso 'bric-à-brac' de real, de racional e de simbólico que constitui toda sociedade e como o *princípio* que *escolhe* e *informa* as *extremidades* e os *pedaços* que aí serão admitidos, ... (grifos meus) as significações sociais – pelo menos as que são verdadeiramente últimas – não *denotam* nada, e *conotam* mais ou menos tudo – como a dizer: sempre presente, contudo não se fazem ver." (grifos do autor) I.I.S., p. 173.

[34] Temos que levar em conta, como diz Mészáros em sua introdução ao *Para Além do Capital* (p. 30 e 32), que "a relação entre capital e trabalho não é *simétrica*. Isto porque, enquanto o capital depende *absolutamente* do trabalho – no sentido de que o capital inexiste sem o trabalho, que ele tem de explorar permanentemente –, a dependência do trabalho em relação ao capital é *relativa, historicamente criada* e *historicamente superável*. Em outras palavras, o trabalho não está condenado a ser permanentemente contido no círculo vicioso do capital."

[35] "A lógica suicida invertida com que Hayek justifica o capital absolutamente não conhece limites. Segundo ela, o capital é a origem do trabalho (não o contrário), merecendo portanto a veneração intelectual sem fronteiras e a maior aprovação moral. Nas palavras de

Hayek: 'Quando perguntamos o que os homens devem às práticas morais dos chamados capitalistas, a resposta é: suas próprias vidas'. Não obstante, os ingratos trabalhadores criados e mantidos vivos pelos generosos sujeitos chamados de capitalistas não hesitam em morder a mão que os alimenta, em vez de 'se submeterem à disciplina impessoal' necessária para o bom funcionamento do melhor dos mundos, a 'ordem econômica ampliada' do capital... Pois, 'embora essa gente talvez se *sinta* (o grifo é de Hayek) explorada e os políticos possam brincar com esses sentimentos para ganhar poder, grande parte do proletariado ocidental e grande parte dos milhões no mundo em desenvolvimento devem sua existência às oportunidades que os países avançados criaram para eles'." (de Mészáros – P.A.C., p.191, citando Hayek, em *The fatal concept: the errors of socialism*, p. 130, 131, 153) Além disso, na p. 111, Hayek ainda acrescenta que "os principais beneficiários do sistema capitalista são os membros do proletariado".

[36] "Se o capitalismo fosse apenas essa fria máquina engenhosa de extrair mais-valia que se encerra em si mesmo, como o vampiro que chupa o sangue dos aldeões para prolongar sua imortalidade, os aldeões já teriam queimado há muito tempo o castelo enganador e lhe teriam cravado uma estaca no coração em algum fatídico amanhecer. Mas o fato é que, assim como o Drácula somente pode aparecer durante a noite, o capitalismo somente pode realizar sua insaciável voracidade fundamentando-se em normas sociais e históricas concretas, e necessita cumplicidade dos homens de carne e osso para existir e perpetuar-se; e estes homens de carne e osso, diferentemente da 'fria' máquina capaz de acumular abstratos benefícios, não podem agir sem dar às suas ações um sentido e sem buscar justificativas para a sua conduta. O 'espírito' do capitalismo é, tal como sugere Luc Boltanski e Ève Chiapello, um conjunto dessas justificativas com as quais as pessoas explicam, melhor ou pior, sua adesão ao 'sistema' de vida no qual – querendo ou não, sabendo ou não, gostando ou não – se encontram imersas." – Extraído da resenha de José Luiz Pardo, no *El País* – 18/5/02 – do importante livro de Luc Boltanski e Ève Chiapello, *O Novo Espírito do Capitalismo* (*Cepat Informa*, 85, p. 18).

[37] Conforme o *Le Petit Robert dictionaire de la langue française*, "travailler" vem do latim vulgar *tripaliare*, usado em 1080, e significa torturar com o *tripalium*, em francês 'travail' – ou *trepalium*, variação de *tripalium* "instrumento de tortura", vindo do latim clássico, *tripalis* "as três peças". O termo técnico, *travail*, em francês, se refere a um dispositivo que serve para imobilizar cavalos ou bois, para realizar sobre eles determinadas operações. O *Dicionário Houaiss da Língua Portuguesa* vai datar a palavra trabalho no século XIII como 'traball', trabalho, e, no século XIV, como trabalho.

[38] Cf. Bosi em *A dialética da colonização*, Companhia das Letras, 1992.

[39] O *Dicionário Houaiss da Língua Portuguesa* refere o significado de trabalho no hegelianismo como o "processo por meio do qual o espírito humano, ao colocar nos objetos externos todas as suas potencialidades subjetivas, descobre e desenvolve plenamente a sua própria realidade". Já, para o marxismo, esse dicionário se refere a trabalho como a "atividade consciente e planejada na qual o ser humano, ao mesmo tempo em que extrai da natureza os bens capazes de satisfazer suas necessidades materiais, cria as bases de sua realidade sociocultural". No entanto, logo à frente vou me referir a que, no marxismo, 'trabalho' acabou se reduzindo àquele que é o seu modo histórico no capitalismo, isto é a 'trabalho assalariado', definido assim como fonte da extração do valor excedente que realiza a acumulação do capital.

[40] "Definido como ser de razão, (o homem) é privado das outras faculdades que o constituem. Imaginação, afeto e desejo, intuição – a percepção do inconsciente –, todas essas características constitutivas do ser do homem foram consideradas fatores que perturbam a razão e, conseqüentemente, são desvalorizadas, ignoradas ou recalcadas. Como é sabido, essas características são comumente atribuídas pela nossa cultura ao feminino, de modo que não é surpreendente que sua desvalorização e recalque tenha coincidido com a opressão sofrida pelas mulheres. Nesse ponto, acho interessante retomar o comentário do mito de Prometeu. As versões de Hesíodo e Ésquilo parecem representar uma expressão tardia de um mito mais antigo. Uma

reelaboração do mito no contexto do estabelecimento da sociedade patriarcal, reelaboração na qual o papel do feminino é apresentado de forma bastante negativa. Pandora sendo a portadora de todas as doenças e Tétis ameaçando a fecundidade de Zeus. Entretanto, na versão mais antiga do mito, anterior portanto à sociedade patriarcal, a história é contada de outro modo. Prometeu é apresentado aí com um *Kabire*, um anão, semelhante aos que atualmente povoam os contos infantis e enfeitam nossos jardins. Este Prometeu remonta às antigas religiões matriarcais, representando o ajudante e acompanhante fálico da grande Deusa Mãe. Representavam a sabedoria e a fecundidade, a vida e o mistério. Desta forma, o castigo infligido a Prometeu – ser acorrentado e atacado pela águia que lhe rói o fígado – tem, desta perspectiva, outra significação. Símbolo da vida, permanentemente renascendo a cada noite, o fígado representa também a lua e o feminino. Sempre recriado na noite, sempre destruído de dia pela águia , o cão de Zeus." Plastino, Os Horizontes de Prometeu, em *PHYSIS: Revista de Saúde Coletiva*, Rio de Janeiro (v. 6, p. 210).

[41] Certamente esta posição é negada pelo pessoal da revista *Krisis* e *Kurtz*, que reduz trabalho, como diz o texto citado, sobre o *1984* de G. Orwell, não apenas a "coerção externa" mas, mais ainda, como a "interiorização dessa coerção".

Obviamente que a isso se contrapõe a constatação de que não haveria outro modo de criação do "reino" do humano que não fosse aquele do trabalho. Agora, que o domínio capitalista tenha caído com toda força sobre o trabalho, assim como, afinal, sobre toda a terra, esse é um fato sem dúvida desastroso. Mas não impede que, recusadas a escravidão, a servidão, o assalariamento e todas as suas formas, se possa finalmente resgatar o trabalho humano, assim como se busca resgatar o planeta da destruição irresponsável do capital.

[42] De pronto, o capital só remunera o que lhe rende acumulação. E hoje, o trabalho já acumulado parece cada vez mais capaz e bastante para isso. Assim, uma renda básica que, à ausência de postos de trabalho assalariado, vem sendo proposta como alternativa mone-

tarizada, representa mais que garantia de existência a 'trabalhadores sem trabalho': garantia de ampliação de mercado e realização de mais lucros, ou mais fôlego, para o capital. Por isso é importante perguntar se, quem sabe, já não está passando a hora de se realizar um modo de sustentação dos cidadãos que não passe simplesmente pela renda ou pelo campo da mercadoria, mas que, em vez de se ampliar ainda mais o campo da valorização do capital, se comece a valorizar o polismônio, isto é, o acúmulo cultural humano de cada cidade, do qual, o primeiro bem é, exatamente, a vida dos seus cidadãos trabalhadores.

[43] Em palestra proferida no Ibrades – Instituto Brasileiro de Desenvolvimento, em 1994, sobre Subjetividade e Educação, Carlos Plastino, responde a Ivete Ribeiro (de saudosa memória), que solicita que o professor diferencie 'sujeito' de 'indivíduo', entre outros comentários, dizendo que "a categoria de indivíduo ... possui forte marca iluminista, integrando "a metáfora da modernidade expressa na concepção do contrato social", ou seja, "o indivíduo definido como mônada isolada que só num segundo momento, por um ato de sua vontade racional, torna-se um ser social". E segue dizendo que "a concepção do sujeito ... é radicalmente outra". E faz distinção entre os "dois pólos fundamentais na constituição do sujeito". "Um é o pólo da cultura, e é por isso que o sujeito é, constitutivamente, um ser social. Isto é, a sociabilidade não é um momento segundo, fruto da decisão racional como na metáfora do contrato, mas o constitui e é condição de sua vida física e psíquica. Ele é constituído desde a cultura...". E "um segundo pólo na constituição do sujeito ... se refere àquilo que faz de cada sujeito uma singularidade irredutível, dotado que está de uma imaginação radical que torna possível precisamente a emergência do novo, do não determinado. É esta imaginação radical do sujeito que faz com que a história possa ser pensada, não como o cenário onde se desenvolve o determinado, mas como o espaço da criação" (*Subjetividade e Educação*, mímeo, Centro João XXIII- IBRADES – Educação: Textos de Apoio)

[44] "Elas (as significações sociais) são aquilo, mediante e a partir do que os indivíduos são formados como indivíduos sociais, podendo

participar do fazer e do representar/dizer social, podendo representar, agir e pensar de maneira compatível, coerente, convergente, mesmo se ela é conflitual (o conflito mais violento que possa dilacerar uma sociedade ainda pressupõe um número infinito de coisas "comuns" ou "participáveis") ... Mas "ainda não estamos dizendo nada, quando dizemos que os indivíduos aprendem ou assumem 'papéis' sociais, são induzidos, conduzidos, condicionados a representá-los. Não haveria papéis se não houvesse peça; como poderia haver papéis se o conjunto de papéis não formasse uma peça? Que peça? Escrita por quem?"... "Esta complementariedade só pode existir pela significação instituída... ela não é 'soma' de representações complementares; é porque esta significação é instituída que existem essas representações como as de servo e senhor e da relação de servidão, para o servo e para o senhor) e que estas são complementares." (Castoriadis, I.I.S., p 411).

[45] Acompanho Plastino ao designar a singularidade no mundo cultural humano como sujeito social, a fim de contrastar, seja com o 'indivíduo' das espécies biológicas – que trazem em seu arcabouço biológico, em harmonia com o seu habitat, as condições de reprodução da espécie, coisa que o humano só realizará mediante um longo processo de educação, uma vez que o fato humano é um dado cultural – seja com a esparrela do indivíduo moderno, essa mônada racional que se faz inseparável da dicotomia entre indivíduo e massa. Marx ou Castoriadis, no entanto – entre tantos outros –, usam o conceito de 'indivíduo social'.

[46] A condição da educação nos dias de hoje se constitui como educação de sujeitos sociais, tendo em vista, portanto, a experimentação, aprendizagem e consolidação desse processo de reposição criativa de consensos permanentes de conduta, o que exige um diálogo aberto e franco, um reconhecimento mútuo entre colegas (co-ligados, de colégio) e companheiros, de tal modo que a relação de aprendizagem se faz entre 12, 15, no máximo, 20 alunos ou companheiros. Não se trata mais, em hipótese nenhuma, da antiga educação de massas, nem de estilo individualista. (Assim, se torna absurdo querer

chamar de educativa uma relação entre classes de crianças, adolescentes ou o que seja, com 30, 40, 50 ou mais alunos...)

[47] Esse fato de se declararem direitos ao que não se têm criadas as condições de garantir é um vício cruel da tradição ocidental, onde a ética, em vez de uma lei extraída da prática cultural e da cultura consolidada, o é de idéias a rigor inalcançáveis, para, então, se justificarem as teorias do melhor possível, já que 'a perfeição não é deste mundo'. Só que esse possível sempre é pouco demais para a grande maioria e um excesso para uma pequena minoria. Assim, seria de bom alvitre que direitos só pudessem ser erigidos quando construídas as condições para garanti-los. É esta a lógica na qual se insere o conceito de polismônio.

[48] Ver, em nota 35, a posição de Hayek.

[49] Hoje, o capital joga com o conceito da 'competência' que pretende captar – para a realização do capital – o conjunto da pessoa do trabalhador, numa adesão sem trincas, abarcando habilidades e qualificações, conhecimentos e discernimento, condutas e valores. Por sua vez, até mesmo o conceito (hegeliano por sinal) de 'força de trabalho' é também preconceituoso – e origem de simplificações até, como a de gasto de energia e, daí, unidade de tempo como medida de valor. Aliás, nem o próprio Taylor ficaria tão atrás em sua pretensão de que o trabalhador, no máximo, usasse apenas sua força, deixando ao capital além do planejamento, todo discernimento, conhecimento, etc..

[50] Conforme já foi dito, polismônio refere-se ao acúmulo social disponível e em permanente reposição criativa, capaz de garantir a vigência real e concreta dos direitos de todos os cidadãos, tendo o trabalho de todos como sua origem e garantia – e estabelecendo-se, assim, um direito real e universal, para além do estatuto da mercadoria – como posto por Chico de Oliveira.

[51] Mészáros nos relembra como Marx, formulando sua contraposição à concepção hegeliana, foi capaz de explicitar com palavras muito vivas essa realidade tão atual. "Quanto mais se estendem no curso

desse desenvolvimento as esferas separadas, que atuam umas sobre as outras, e quanto mais o isolamento original das nacionalidades separadas é destruído pelo modo avançado de produção, pelo intercâmbio e pela divisão natural do trabalho entre as diversas nações emergentes que daí resulta, mais *a história se torna história do mundo*. Assim, por exemplo, se na Inglaterra é inventada uma máquina que priva de pão milhares de trabalhadores na Índia e na China, e derruba toda a forma de existência desses impérios, esta invenção se torna um *fato histórico mundial*. (...) Disto resulta que a transformação da história em história do mundo não é absolutamente mero ato abstrato de parte da 'autoconsciência', do espírito do mundo, ou de qualquer outro espectro metafísico, mas um ato bastante material e empiricamente verificável, ato cuja prova cada indivíduo fornece enquanto vai e vem, come, bebe e se veste. Na história decorrida até o presente certamente também é da mesma forma um fato empírico que, com a amplificação de sua atividade em *atividade histórica mundial*, os indivíduos isolados se tornam cada vez mais escravizados sob uma *força alheia a si* (uma pressão por eles concebida como uma brincadeira suja da parte do chamado espírito do mundo etc.), força que se torna cada vez mais enorme e, no final, termina sendo o *mercado mundial*." (Cit. Em P.A.C., p. 86, Obr. Compl. M. E.)

[52] No capítulo 5 de seu *Para Além do Capital*, intitulado "Ativação dos limites absolutos do Capital", Mészáros aponta quatro limites intransponíveis, expressos em cada um dos subtítulos: 1. O capitalismo transnacional e os estados nacionais; 2. A eliminação das condições de reprodução sociometabólica; 3. A liberação das mulheres; 4. O desemprego crônico: o significado real de "explosão populacional". E explica que as quatro questões escolhidas não representam características isoladas. Mas, "cada uma delas é centro de um conjunto de grandes contradições e, como tais, demonstram ser insuperáveis precisamente porque, em conjunto, intensificam imensamente a força desintegradora de cada uma e a influência global desses conjuntos particulares tomados em seu todo" (p. 222).

[53] Deve-se, contudo, ouvir Mészaros: "... a transferência da lealdade dos socialistas desiludidos da classe trabalhadora para os chamados 'novos movimentos sociais' (hoje valorizados *em oposição* ao trabalho e desprezando todo o seu potencial emancipador) deve ser considerada prematura e ingênua. Os movimentos de questão única, mesmo quando lutam por causas não-integráveis, podem ser derrotados e marginalizados um a um, porque não podem alegar estar representando uma alternativa coerente e abrangente à ordem dada como modo de controle sociometabólico e sistema de reprodução social. Isto é o que faz o enfoque no potencial emancipador socialista do trabalho mais importante hoje do que nunca. O trabalho não é apenas não-integrável (ao contrário de certas manifestações políticas do trabalho historicamente específicas, como a social-democracia reformista, que poderia ser corretamente caracterizada como integrável e na verdade completamente integrada nas últimas décadas), mas – precisamente como a única *alternativa estrutural* viável para o capital – pode proporcionar o quadro de referências estratégico abrangente no qual todos os movimentos evancipadores de "questão única" podem conseguir transformar em sucesso sua causa comum para a sobrevivência da humanidade." (P.A.C., p. 96).

Este mesmo assunto é desenvolvido de outra forma, também, por Boaventura Santos, que diz que "quanto menos o trabalhador for só trabalhador, mais viável se torna o trânsito político e simbólico entre o trabalhador-cidadão e o cidadão-trabalhador". E segue afirmando que "a politização do espaço da produção é multidimensional. Envolve, em primeiro lugar, a relação capital-trabalho... Em segundo lugar, ... as relações *na* produção. O que distingue as mais-valias étnicas, sexuais, culturais e políticas é que elas, ao contrário da mais-valia econômica, podem existir nas relações entre trabalhadores. O 'operário de massa' ou o 'operário coletivo' terminou (se alguma vez existiu) e é preciso tirar disso todas as conseqüências... Em terceiro lugar ... envolve os processos de trabalho e de produção e nomeadamente a componente tecnológica e a das chamadas matérias primas...." para, em seguida, tratar do "*espaço mundial*". (Em *As mãos de Alice*, 95, p. 274).

[54] Ou da "coerção", conforme o Kurtz (FSP) – que podemos fazer dialogar com Marx, quando, na célebre passagem da *Ideologia Alemã*, fala do "reino da liberdade" exemplificando com o "caçar de manhã, pescar de tarde, criar gado à noite e fazer crítica depois do jantar" cada um à sua vontade, sem nunca por isso ter que se tornar caçador, pescador, pastor ou crítico. Nos Grundisse, Marx acrescenta que "se nas formas históricas o trabalho não deixa de ser desagradável, porque é forçado, imposto do exterior – o que é duplamente verdade no que respeita ao trabalho de caráter antagônico, que ainda não restaurou as suas condições subjetivas e objetivas ... que fazem dele *trabalho atraente* no qual o próprio homem se realiza; isso não significa de modo nenhum que se tornará um prazer e um divertimento, como Fourrier, tal como uma costureirinha, pensa ingenuamente [sic]. Um trabalho verdadeiramente livre – por exemplo, compor uma obra – não é fácil e exige esforço intenso." (Tirado de *Crítica de Educação e do ensino*, Karl Marx e Friedrich Engels, introdução e notas de Roger Dangeville, Moraes editores, 77, p. 253).

[55] Ver notas 11 e 42, a respeito do salário de existência; 47, com a crítica da monetarização; 50, a respeito de polismônio, etc.

[56] Yves Pagès é descrito por *Cepat Informa* (nº 83, mai/2002) como um 'agitador' da escrita. Em entrevista à revista *Péripheries*, abr. 2001, na qual comenta seu livro *Petites natures mortes au travail*, ele diz o seguinte: "Eu me sinto próximo das pessoas que reivindicam 10.000 francos por mês para todos... O argumento é que o assalariado está se suprimindo a si mesmo. Ele não tem mais possibilidades reais de contabilizar, de individualizar um salário de maneira não arbitrária. O saber, a formação, toda a engenharia acumulada, tudo isto, pertence a todos nós. A começar pela linguagem: o fato de falarmos faz a metade do trabalho. Os autônomos italianos, notadamente Paolo Virno..., 'tiraram do ninho' uma idéia de Marx: o '*general intellect*'. Substancialmente, Marx dizia: chegará um tempo em que a sofisticação tecnológica será tal que nove décimos da produção será feito de inteligência tecnológica, de níveis de formação, e não de pessoas.

Então... para esses italianos, com o advento de um trabalho cada vez mais imaterial, nós chegamos ao *'general intellect'...*".

[57] A citação é de importante entrevista concedida por André Gorz a Françoise Gollain, incluída no livro desta última, *Une critique du travail. Entre écologie et socialisme*, e que foi transcrita em *Cepat Informa* (nº 83 de mai/2002).

[58] Mészáros, comentando Marx, afirma que "a nova forma histórica não pode ser definida em termos do sistema prevalecente de pressuposições, pré-condições e pré-determinações precisamente porque deriva de sua novidade histórica – "o reino da liberdade" – da escolha consciente dos produtores associados, para além do determinismo econômico do capital, numa bifurcação da história quando 'todas as contradições entram em jogo' e clamam por uma solução de tipo radicalmente novo" (p. 519). A questão é se neste momento, que parece cada vez mais próximo, saberemos encontrar tal solução.

[59] Para Castoriadis, "não se pode pensar a máquina, ainda que reduzida a seu ser técnico, como neutra, a não ser acidentalmente. As máquinas em questão, durante o período capitalista, são máquinas 'intrinsecamente' capitalistas. As máquinas que conhecemos não são objetos 'neutros' que o capitalismo utiliza com fins capitalistas, desviando-as (como pensam com freqüência, ingenuamente, técnicos e cientistas) de sua pura tecnicidade, e que poderiam também ser utilizadas com outros 'fins' sociais. Elas são, sob uma infinidade de aspectos, ... logicamente e realmente impossíveis fora do *sistema* tecnológico que formam, 'encarnação', 'inscrição', apresentação e figuração das significações essenciais do capitalismo. (I.I.S., p. 402).

Por sua vez, Mészáros também não fica atrás. Falando das "necessidades perversas criadas pelas exigências alienadas da auto-reprodução ampliada do capital", ele afirma que "ao contrário do que imagina muita gente da esquerda, a tecnologia e a ciência não podem ser consideradas antídotos plausíveis. Quem acredita que sejam costuma projetar quadros idealizados de meios técnicos supostamente existentes e conhecimento científico ainda não realizado como a base material de um futuro socialista de abundância. (...) A verdade realista é que a ciência e a tecnologia existentes estão profundamente incrustadas nas determinações que hoje prevalecem na produção, por meio das quais o capital impõe à sociedade as condições necessárias de sua existência instável." E segue dizendo que a "ciência e a tecnologia não são jogadores bem treinados e em boa forma que, sentados nos bancos de reservas, ficam à espera do chamado dos treinadores socialistas esclarecidos para virar o jogo." (C. A. C., p 265).

[60] Mészáros coloca como "componentes inseparavelmente entrelaçados do sistema orgânico do capital – em suas variedades capitalista e pós-capitalista": 1) o próprio capital, "representando não só as condições materiais alienadas da produção, mas também – na qualidade de *personificação* dos imperativos materiais do capital ... , a subjetividade que comanda e que se opõe ao trabalho"; 2) o trabalho, "estruturalmente privado do controle das condições necessárias de produção, reproduzindo o capital em uma escala ampliada, ao mesmo tempo em que, como sujeito real da produção e *personificação* do trabalho, *confronta defensivamente* o capital"; e 3) o estado, "como a estrutura global de comando político do sistema *antagônico* do capital que oferece a garantia final para a *contenção* dos antagonismos inconciliáveis e para a submissão do trabalho, já que o trabalho retém o poder potencialmente explosivo da resistência, apesar da compulsão econômica inigualável do sistema" (P. A. C., p. 96). Mas a necessidade mesma de denúncia dessas *personificações* que desnudam os "antagonismos inconciliáveis" entre capital e trabalho provém da eficácia da operação realizada por suas figuras guardiãs: um estado *de mediação*, as mercadorias *em equilíbrio* e os indivíduos *em igualdade*.

[61] "Forma incontrolável de controle sociometabólico", cf. Mészáros, "não se pode imaginar um sistema de controle mais inexoravelmente absorvente – ... totalitário – do que o sistema do capital globalmente dominante, que sujeita cegamente aos mesmos imperativos a questão

da saúde e a do comércio, a educação e a agricultura, a arte e a indústria manufatureira, que implacavelmente sobrepõe a tudo seus próprios critérios de viabilidade, desde as menores unidades de seu 'microcosmo' até as mais gigantescas empresas transnacionais, desde as mais íntimas relações pessoais aos mais complexos processos de tomada de decisão dos vastos monopólios industriais, sempre a favor dos fortes e contra os fracos." (Idem, p. 96).

[62] A essa altura, poderíamos aventar uma nova hipótese, buscando decifrar que novos sujeitos coletivos seriam capazes da tarefa – agora sim – prometeica de abrir o mundo a uma nova humanidade. Mésázaros afirma o trabalho, garantindo a sustentação sociometabólica transformada; Negri (*Império*) propõe a "multidão". Podemos pensar no modo como o conjunto dos cidadãos trabalhadores se movimentam para garantir suas vidas e acumulam um acervo cultural – o polismônio – capaz de lhes garantir motivos, condições e energia suficiente para a empreitada; quer dizer, esse novo sujeito coletivo nem é tão novo assim e, além disso, retoma uma tradição, antiquíssima em outras civilizações, mas que data da retomada das cidades nos fins da idade medieval européia.

(Pode-se ver, em torno dessa questão do ressurgimento de uma proposta da autonomia na retomada das cidades a partir do século IX europeu, diversos textos de Castoriadis, entre os quais Complexidade, Magmas, História – o exemplo da cidade medieval", em *Feito e a ser feito*, p. 223 e ss.)

[63] Na França, ainda no governo do socialista L. Jospin, foi realizada no âmbito do Ministério de Economia Solidária, uma missão intitulada "Novos Fatores de Riquezas" que produziu um excelente relatório, assinado por P. Viveret, dando conta de seus resultados. Trata de diversas propostas, não apenas de se buscarem novos modos de riqueza, como também de se corrigirem os indicadores utilizados hoje nas contas nacionais e que contemplam, por exemplo, grandes destruições e catástrofes como fomento precioso para o crescimento dos

PIB's nacionais. Uma tradução livre desse relatório foi feita pela CAPINA (jan/2001).

[64] Podemos dizer que grande parte dos movimentos de combate à pobreza e à fome no mundo, assim como aqueles voltados ao desenvolvimento de regiões e países empobrecidos, para além do mérito de atendimento de situações de emergência, não são capazes de ir além de medidas de acomodação. O mesmo ocorre também grande parte do movimento ambientalista. Enfim, como diz Mészáros, os "movimentos de questão única" ou acabam absorvidos ou se condenam a continuar batendo contra as rochas, como fazem as ondas do mar.

[65] Após a pesquisa genética ter afirmado essa hipótese de maneira irrefutável, o coroamento chegou com a descoberta dos fósseis, próximo a Adisabeba, estendendo o tempo do *homo sapiens sapiens* mais algumas dezenas de milhares de anos e reafirmando (como se precisasse) a sua origem no continente africano.

[66] Por isso estamos propondo o polismônio como o acervo cultural dinâmico de reposição criativa da cidade humana como esse operador/regulador e garantia da necessária exigibilidade dos direitos humanos.

[67] Rifkin, em entrevista para o diário alemão *Freitag*, 22/11/02, diz que "obviamente, a economia segue seus próprios planos: visa produzir células de energia e depois, também, faturar com a manutenção e o funcionamento. Então, conseguiremos somente a ligação à energia pela qual, porém, teremos de pagar caro, como descrevi em meu penúltimo livro, *Access*." E acrescenta: "nesse ponto, deveríamos aprender com a experiência da Internet. Ambas as tecnologias fazem a promessa de uma democratização plena, mas é uma questão de controle. Foi por isso que escrevi esse novo livro." (trata-se de *A economia do Hidrogênio: a geração de energia em escala mundial e a redistribuição do poder na Terra.*) (de *Cepat Informa*, 92, dez.02).

Nem é necessário lembrar que, para propaganda e justificação de novas tecnologias, sempre se fala o que for preciso: Siemens, por exemplo, em 1889, dizia que, com a energia elétrica, "a pequena oficina e o operário isolado em sua casa, se colocariam em posição não apenas de valorizar sua força de trabalho mas de entrar em concorrência com as fábricas que têm que produzir mecanicamente a energia necessária através de máquinas a vapor ou a gás"; o que se realizaria pela entrada em cena dos pequenos motores. Qual foi o resultado? "Na realidade, esses pequenos motores, aclamados como 'verdadeiras máquinas motrizes do povo', em nada vieram a atrapalhar o processo de concentração monopolista." (de *Scienza e organizzazione del lavoro,* Mazzota, 77, p.44-45).

[68] De fato, até pouco tempo atrás, a solidariedade era entendida como a exercida entre iguais: a solidariedade de classe, etc. Nos dias atuais, ela passou a significar o movimento dos que estão acima na escala de apropriação dos bens, dos afortunados, em direção aos despossuídos, aos que nada têm mas, atenção, que se mostrem bem comportados.

[69] Arundhati Roy, ao falar no III Fórum Social Mundial de Porto Alegre – 2003 – sobre "como confrontar o Império?" (o momento era aquele de escalada para a iminente invasão do Iraque), lembrou que "todos nós reunidos aqui, cada um à sua maneira, temos feito o cerco do Império. Podemos não ter parado seu passos – ainda – mas fizemos com que ele tropeçasse. Fizemos cair sua máscara. Nós o forçamos a sair para fora. Ele agora está diante de nós, no palco do mundo em toda sua nudez brutal e iníqua".

[70] Expressão usada em ato realizado em memória de Pe. Vaz, por d. Luciano Mendes de Almeida, definindo a inteligência em S. Tomaz de Aquino.

[71] Dissemos antes que o capital não pode matar sua galinha dos ovos de ouro: a 'cidade', sempre criativamente reposta pelos seus cidadãos trabalhadores. Por isso mesmo, a contradição real como podemos vê-la nos tempos atuais é aquela entre o capital e seu patrimônio (que produz a morte) e a cidade e seu polismônio (que resgata a vida).

Loïc Wacquant, no epílogo de seu livro *Os condenados da cidade – estudos sobre a marginalidade avançada* (Revan, Observatório IPPUR/UFRJ-FASE, 2001), em que estuda e compara o gueto norte-americano e a periferia urbana francesa, observa que "a institucionalização dos direitos de cidadania à subsistência e ao bem-estar social fora da tutela do mercado pode ser a Bastilha do novo Milênio" (p. 176).

[72] Castoriadis, no capítulo V de A *Instituição Imaginária da Sociedade* (chamado "A Instituição Social-Histórica: Legein e Theukhein"), coloca esses dois *modus operandi* como os esquemas essenciais a essa instituição social histórica: um no âmbito do pensar e da linguagem e o outro no âmbito do fazer e da instrumentação. É um capítulo denso e intrincado, mas é chave para a leitura do autor. Sempre me intrigou que, do ponto de vista do sujeito (no capítulo VI – "A Instituição Social Histórica: o Indivíduo e a Coisa"), Castoriadis admite um esquema triádico, capaz de superação dos dualismos: sentido, representação e afeto. Mas, no caso do social, ele se mantém resumido ao falar / fazer. Para ele, o comportar-se, ou a origem da lei, está situada numa instância segunda (certamente, por localizá-la como resultado da religião...).

No entanto, a partir de seu próprio pensamento, na medida em que a linguagem exige já a linguagem e que o técnico exige também já o técnico ("assim, dever-se-ia dispor já do técnico, do *teukhein*, para poder inventá-lo – bem como se deveria dispor da linguagem para poder instaurá-la." p. 308), devo dizer que desse mesmo *modus operandi* vamos encontrar também fundamento para o 'procedimento', para a origem do costume, da *nomia* e, portanto, da lei; do contrário, essa não consistiria. Por isso, desde então, tenho assumido para mim essas três instâncias de fundação do social histórico: a *logia*, a *tecnia* e a *nomia*. E não tenho me decepcionado.

[73] Por mais que tenha caído no uso comum, o termo escola não combina muito com o de trabalho. Começa que era o termo usado na Roma antiga para designar o "lugar, nos banhos, onde cada um espera a sua vez". Além disso: "ocupação literária, ou divertimento". Isto é, o

termo é vinculado à idéia de que a escola é um lugar onde não se faz muito, até mesmo porque ocupações literárias não passariam de divertimento. De fato, a origem da palavra é do grego, *skhole, es,* que quer dizer "descanso, repouso, lazer, tempo livre". Por isso é que quer-se referir a "estudo, ou ocupação de um homem com ócio, livre do trabalho servil, que exerce profissão liberal, ou seja, ocupação voluntária de quem, por ser livre, não é obrigado ..." trabalhar.

Ao contrário, colégio é um termo que tem tudo a ver com o trabalho. Sua acepção original, aliás, era exatamente a "associação ou reunião de colegas, de companheiros de uma mesma profissão ou atividade, corporação, grêmio". Do latim *collegium, ii* quer dizer a "ação de ser colega" (coligado), assim como "confraria, associação, corporação; de *collega, ae,* companheiro do mesmo ofício" *(Dicionário Houaiss).*

[74] Qualquer semelhança com a nossa proposta metodológica não é mera coincidência. Ver melhor essas três características básicas do processo pedagógico em *Educação e Reciprocidade* – ver na página do CET, www.educacaoetrabalho.org.br.

[75] É preciso insistir em Centros Públicos de Educação de Cidadãos Trabalhadores, especialmente porque esta proposta foi traduzida, especialmente em São Paulo, como simplesmente Centros Públicos de Formação Profissional. Mas é exatamente isso que queremos combater: a dualidade e a hierarquização subserviente entre educação humanística e científica e a educação tecnológica.

[76] Referência à Lei das Terras de 1850, no Brasil Império.

[77] Ver, em nota 49, a crítica ao termo força de trabalho.

[78] Constituição da República Federativa do Brasil, Art. 5º, XXIII.

[79] Sempre nos lembrando de Andrew Gunder Frank.

[80] No *Le Monde Diplomatique* de julho de 1998, Gérard de Sélys, jornalista (autor de *Quadro Negro, Apelo à resistência contra a Privatização do Ensino,* EPO, Bruxelas, maio/98), fez uma denúncia

contundente: *Um sonho louco dos tecnocratas e industriais: A Escola, grande mercado do século XXI.* "Um trilhão de dólares: este é o total das despesas anuais com a educação por parte dos países membros da OCDE... Um mercado de tal porte é altamente cobiçado...", introduz o editor. (Esse texto mereceu tradução livre por parte da CAPINA.)

[81] Ver Coraggio, J.L., em *Economia dos setores populares, entre a realidade e a utopia*: à p. 91 e ss.: "Da economia dos setores populares à economia do trabalho", entre outros.

[82] Idem.

[83] De novo, temos a nossa frente a imagem de Arundhati Roy, a pequena indianazinha, falando no estádio do Gigantinho para milhares de participantes do III Fórum Social Mundial de Porto Alegre, todos no mais perfeito silêncio, longe de obsequioso, ávido de sabedoria: "Nossa estratégia deve ser não só de confrontar o Império, mas de encurralá-lo. Privá-lo de oxigênio. Envergonhá-lo. Zombar dele. Com nossa arte, nossa música, nossa literatura, nossa teimosia, nossa alegria, nosso brilhantismo, nossa mera implacabilidade e nossa habilidade para contar nossas próprias histórias. Histórias que são diferentes das que as lavagens cerebrais faziam acreditar. A revolução corporativa vai desmoronar se nos recusarmos a comprar o que eles estão vendendo: suas idéias, sua versão da história, suas guerras, suas armas, seu conceito de inevitabilidade. Lembrem-se disso: nós somos muitos e eles são poucos. Eles precisam de nós mais do que nós precisamos deles." (Da página de F.S.M, tradução livre da CAPINA).

[84] Esta figura, por demais conhecida, é do Apocalipse de São João.

[85] Referência ao livro de Ivan Ilich, uma dessas figuras que ajudaram a iluminar o século XX.

Para saber mais sobre nossos títulos e autores, visite nosso site:
www.mauad.com.br

Este livro, da MAUAD Editora,
foi impresso em papel Ofsete 90g,
na gráfica Sermograf